考える力をつける論文教室

今野雅方 Konno Masakata

JN282072

★——ちくまプリマー新書
158

目次 * Contents

はじめに

書けない。なにを書いてよいかわからない。仕方がないから課題文をなぞる――これが論文の授業を受けはじめた生徒や学生ほとんどの状態と言ってよいでしょう。この状態は大学入試に論文が導入されはじめた時期から現在までの二十年あまり、基本的に変わっていないと見られます。課題文を読んで理解して、理解した内容を考え、その結果をみずから文章にするというのは、初めての体験だからです。その様子をもう少し詳しく見てみましょう。

手をこまねく生徒・学生

生徒たちは、最初、論文がなんなのか、なにを書けばよいのか、皆目わからない状態で授業に出ます。すると教師がなにを話しているのかわからない授業があります。あるいは逆に、コツを教えてくれる授業があります。そのほうが普通かもしれません。これさえできれば書ける、などと言ってくれる教師もいます。

しかし演習で実際に書いてみると、意味あることを書いた気にはなかなかなれない。返却された添削はぼろぼろ。赤字だらけの添削答案は見たくもないというのが正直な気持ち。しかもこんな結果が想像できるから論文の勉強は気が進まない。それでも入試の科目には厳然としてある。仕方がないから授業には出席する。もう嫌気がさしてやめていく人がいる一方で、このような状態で勉強をつづけている人は非常に多いと思われます。

ところがいくら授業に出ていても目に見えて成果があがることはあまりない。それで「小論文の書き方」といったタイトルの本に手を出してみる。すると、問題提起→自分の考察→自分の判断の根拠→結論、といった形式を使えばよい、と書いてあります。

これは実際には中学校で教わった起承転結の変形にすぎないわけですが、ではその通りに書けばなんとかなるかというと、そんなことはまずありえない。論文は形式をとればどうにかなるものではないからです。自分ではこの形式をうまく使ったつもりの答案も、返却されるとまた赤字だらけ。このような人も非常に多いでしょう。

結局、論文なんてこんなものさ、と思いたくもなってきますが、一方では少数だがいつもよく書ける人がいる。そういう人を見ていると、「論文なんて才能じゃないの？　たまに書ける人がいるけど、普通の人には無理でしょ」、と諦《あきら》めとも慰めともつかないことばで書けないことをまとめて処理したくなってくる。

鬱積《うっせき》する不満、肝心の問題

こうした状態がよいわけはありません。この状態がずっと続いていることもよいわけはありません。大学のほうでも苦慮していることはまちがいなく、今では論文の書き方を教える授業を組んで、それで単位をあたえる大学もあります。しかし一通りの説明でしっかりした論文やレポートが書けるなら誰《だれ》も苦労はしない。結局はネットからコピペしてお茶をにごしているうちに就活の時期がやってきます。

卒論は調べたことを書きうつせば済み、それで済んでいること自体が問題ですが、就活ではごまかしが効きません。初めてまともに自分とむきあう状態においこまれます。まず、エントリーシートが書けない。何度目かに書いたエントリーシートがやっと受けいれられても、今度は面接でぬけ穴だらけの自己認識を突かれて立往生する……。

どうしてこんなことが続いているのでしょう。いざあらためて書くとなると、どうして文章はこんなに厄介《やっかい》なのでしょう。自分を知る方法なんて誰も教えられていないのに、どうして社会人になる入り口で自分を知ることが大きなウェイトを占めるのでしょう。

論文の指導をしていると、こうした疑問を学生から突きつけられたりすることがよくあります。その疑問をさそう現状はなんとも不可解で、社会システムが底辺から大きく変質しつつあるのではないかと思えるほどですが、それでもはっきりしていることはあります。

今の社会は、次の時代をになう若い人々に、自分で考えて文章を書く力をもとめているのに、その力を身につける機会と時間をほとんどあたえていないことです。これははっきりしています。なにかがおかしい。と言うより、いろいろとおかしいことがあります。

社会の要求・要求に応えがたい現状

制度面でのおかしいことを少し記してみましょう。まず高校までの教育が全体としてこの要求に応《こた》えていない。入試に論文の枠をもうけたということは、一九八〇年代後半に顕著になった知育偏重と過熱した受験を正すべく、知識と理解の蓄積の在り方に、それまでとは別の在り方をもとめたことを意味します。ところが、その別の在り方が具体的に見えてこないとき、この要求には対応のしようがない。

だから高校は要求に応えない。大学はその高校とほとんど連携しない。これではいつまで経《た》っても望ましい知識・理解の蓄積は実現しない。論文試験は制度としてこのように当初から大きなひずみをふくんではじめられ、今日では形骸化《けいがいか》が著しい。それだけでなく大学受験そのものが元きた道をたどっているようです。しかしこの点が広く問題視されることはなく、大学と企業はあいかわらず判定だけはしようとする。負の連鎖です。

生徒・学生の論文にたいする理解の狂いは、その負の連鎖が産み落としたものです。かなり広く産み落とされているようなので、大学院の試験あたりまで受験生にもとめられる論文なるものについて少し説明します。その説明は現実の在り方からはじまりますが、とても当たり前のことです。

受験における論文とは

現実の世界はいつもやっかいな問題をかかえています。政治の分野でも経済の分野でも、そうした問題の多くが二十歳をすぎれば本来なら他人事《ひとごと》ではなくなります。理解するだけでもかなり時間がかかります。自分がとり組まざるをえなくなったときすぐ対処できる問題ではないので、それなりの準備は誰にとっても必要です。

制度的にもとめられた論文なるものは、この準備にかかわっています。つまり、他人事ではなく、理解も容易ではないが、社会人としては対処できて当然のことであり、その卵としても対処する努力がもとめられて当然の問題、そのような問題に対処する態勢をなにほどか身につけることにかかわっているのです。

そうはいっても、そしてそう言われてしまえば頭では頷《うなず》かざるをえないと思っても、そんな問題も対処する態勢も、自分にかかわる問題としては考えたこともない人のほうが実際には圧倒的に多いでしょう。

それが普通ですが、現在の秩序を維持し、それを次の世代にゆだねようとしている人たちはそう考えてくれません。文科省のお役人や親や教師で、またそういう怖い人たちが一方にいないと若いときは生活がだれます。いやだなあ、うるさいなあ、面倒っちいなあ、よけいなお世話、うざい、嫌い、などと思いながら彼らの要求に応えているうちに、自分でも気づかぬうちにしだいに成長するというのが大方の実情でしょう。

数年のタイムラグ

現実の状態と望まれる状態のあいだには少なくとも数年のタイムラグがあり、制度のなかに論文なるものが導入されたときにも、そのタイムラグは当然のこととして考慮されていたでしょう。だから卵なりの態勢を身につけるのは、高校に入るころから大学を出るころまでの数年のあいだでよいのです。

この態勢を身につけることは、事例をとりあげ、基礎的な事実や知識を調べることからはじまります。生徒が各自それをするのです。薄っぺらな教科書片手に教師が黒板に書いて話すだけではまったく足りません。調べた事実を整理し、問題点を見つけ、解決策を考える、この一連の作業をするとなると、自分で文章を書く必要が生じてきます。

特に、解決策を考えるときには、いやでも自分で考えなければならず、そのためには書くことが不可欠になります。書いた文章には必ずといってよいほど自分の価値観が入ってきます。それが他の人に受けいれられる保証はどこにもありません。それなら自分の考えも再検討しなければなりません。すでに多数の意見があるなかに、さらにもうひとつ自分の意見を出さなければならない理由を考えなければならないのです。それもまた文章を書かなければ不可能でしょう。

新入生の考える力が低下しつづける状態を憂えた（と言われる）大学が新たな知識・理解の在り方を制度的にもとめたとき、具体的にはこのような問題解決能力をそなえた知識・理解と考える力とをもとめていたのだろうと私は推測しています。

このタイプの勉強はやろうとするなら小学校から可能で、高校にもなればかなり本格化するでしょう。その成果を試験で見ようとするなら、解決策をもとめる点に焦点をしぼるだけで済みます。解決策や提案はすでに多くの人が出しているので、その検討をもとめるだけでよく、検討のなかにかならず受験者の考えが反映するからです。

要するに、論文試験における論文なるものは、世の中のことをどれだけ考えてきたか、自分のことをどれだけ知るようになったかを、かぎられた字数の文章で示すものなのです。現実のさまざまな問題に対処し、それを捌《さば》くための力と態勢をどれだけやしなってきたか、自分をどれだけ見つめられるようになっているか示すものと言いかえてもかまいません。

その場合の対処すべき現実とは、すでに述べたように政治・経済のこともあれば、社会全体にかかわることもあります。社会と個人の関係もそのひとつになります。自分自身もまた対処すべき現実のひとつです。論文試験は社会認識と自己認識の二面から受験者の進度を問うものなのです。

必要なことは現実との格闘

ただ、そのための勉強は、促成栽培がきかない。最初のころの調べたことをただ書きうつすことしかできない段階から、文章を書きながら自分の理解と考えを組織できるようになるまでには、かなりの時間が必要です。勉強が段階をふんで進むからです。

その時間のあいだには自分が変わってゆきます。おのずから変わるのです。それは成長の証《あかし》といってもよいものです。しかも、とてもおもしろいことに、自分が変わるごとに文章の質も変わってきます。と同時に、自分が変わってゆく途中では、かならずと言ってよいほど、書けない時期がやってきます。何度もやってきます。ですから、もうおわかりのように、この勉強は、本来、少なくとも数年のタイムスパンで考えないと意味を失うものなのです。

ところが時間は待ってくれない。それでは選抜を目的とする試験とかみあわない。大学も企業も、内容はどうでも、文章としての一応のまとまりはもとめざるをえない……。論文試験の場合、制度や形式面とのこうしたズレは学科のそれの何十倍にもなるでしょう。そこにマニュアルやマニュアル授業のつけこむ余地もあります。

しかし、最初の段階では、そんなものはなにもかも全部ほうり投げて、とにかく書いてみることです。教育制度はいじればいじるほど悪くなると言う人もいるのですから、制度のことも、大学のことも、出題者の意図も、コツもテクニックもマニュアルも、最初はぜーんぶ捨ててしまいましょう。論の恰好《かっこう》などはどうでもいい。文章が下手でもなんでも一向にかまわない。現実と取っ組みあいをして、そのほんの一部でもいいからわかる手がかりが得られたら大成功です。後は同様の試みをくりかえせばよく、そのうちに形式やことばも整ってきます。

成長物語

本書は、四月に論文のことをなにひとつ知らずに授業に参加した生徒たちが、課題文が読め、設問の要求に応えられるようになってゆく過程を追った、いわば成長物語です。大学を出るころまでまったく失語症同然で、考える力はその後に自分の努力で得た者が指導した記録です。才能の有無には無縁の記録です。しかし内容が現実との取っ組みあいなので、本書は広く社会人になった人にも役立つと思っています。

仕事を円滑にすすめるためには、世の中の動きや仕事の内容にかんして、いわば潤滑油とも言える知識や通念を他の人々と共有することが必要です。しかしそれだけでは新しい仕事を創《つく》ることができません。現実の事態を自分でとらえ、みずからそれを説明できることばを編みだす必要があります。本書はその態勢をつくることを主眼としています。自分のことばをもちたいと思っている人にぜひ読んでいただきたい、それが著者の希《ねが》いです。

ステップ1

文章の読み方・要約の仕方

――竹内敏晴著『ことばが劈かれるとき』を題材に

四月になり、陽気も春らしくなって、あちこちの学校や大学が新学期をむかえる時期になると、私の授業にも新しい顔ぶれがそろいます。ここ数年は十数名です。大半は高校三年生と高卒生で、それに社会人が加わることがあります。この人数は個々の顔を認識することができ、ゼミ形式で授業をするにはちょうど頃合《ころあ》いの規模です。

初回の顔あわせで教師に視線をむける生徒たちの表情には、一見したところ無表情な面持ちのなかに、いくぶん緊張がふくまれているように感じられます。未知のものへの期待と不安がその緊張にまじっているようにも見えます。もしかすると、内心の不安を期待によって抑え、それで平静をよそおっているのかもしれません。と言うより、これからはじまることがよくわからないでいるというのが本当のところかもしれません。学科とちがって論文の授業は生まれて初めてですから、それが普通であり自然でもあるでしょう。

個々の顔が見えるので、いろいろと質問をしながら話をすすめているうちに、この生徒は書くことに一応の自信をもっているようだ、他方、試験科目に論文があるから受講したというあの生徒は、自信と言えるものがかけらもないようだ、といったことが薄々わかってきます。大学にはいってからの勉強のために必要だから受講したという生徒、とにかくいっぱい書きたいと腕まくりする生徒もいます。生徒はこのように毎年ヴァラエティに富んでいるだけでなく、年によって全体の質や雰囲気がおどろくほど違いますが、授業でやるべきことは決まっています。現実の問題にとり組むことです。

つまり、ある文章で提示された現実の事柄を理解し、そのなかに問題があれば、それを指摘し、次いでその問題を解決すべく考えることです。そのときにはかならず文章を書く作業がはいってきます。文章を書かなければ、うまく考えることができないからです。解決案や方法がしっかり文章に打ちだされていれば、よく考えたということになります。書かれた文章には優劣をつけることができるわけです。

だから論文の試験がなりたっており、普通は、**理解と思考からなるこの一連の過程を便宜的に論文の勉強**と言っています。便利なので本書でもこのことばをもちいますが、この一連の過程は実際に自分でやってみないと本当のところどんなものかわかりません。

それで初回の授業では、主になにを書けばよいかを一通り手短に説明してから、つまり❶**課題文を読んでわかったという証拠をだすこと**、❷**わかった内容を考えたという証拠をだすこと**、この二点はどうしても必要であると一通り言ってから、すぐ実際に自分で考えて結果をだしてもらいます。

このように初回に一通りの説明しかしないのは、いくら口で詳しく説明しても、実際に文章を読んで考え、書きはじめると、書くことに夢中になるあまり、教師にあらかじめ言われたことは生徒の頭からすっ飛んでしまうからです。論文の勉強は、実際には、自分がそのような状態にあるということを知ることからはじまります。そのようにひとつひとつ自分で体験し、その体験を蓄積してゆく以外に、うまく考えられるようになる道はありません。

もちろんすぐコツを呑《の》みこんでそれなりに文章を書けるようになる生徒もいます。しかしそのような生徒でも、課題文を分析して自分の考えた結果をしっかり打ちだせるようになるには、時間をかけて体験を積みかさねます。体験の蓄積過程をたどるように本書を構成したのもそのためです。以下の文章はここ二年もちいた最初の課題文です。みなさんもとり組んでみてください。

この文章は竹内敏晴《としはる》著『ことばが劈《ひら》かれるとき』の第三章にあたる「治癒としてのレッスン」にある幾つかのエピソードのひとつで、「引き裂かれたからだ――Nの場合」と題されている文章の前半です。

課題文Ⅰ　引き裂かれたからだ――Nの場合

私はそのころから、ある大学の演劇科へ教えに行き始めていた。Nと言うその女子学生は、こんなことを語っていた。――

「私は、中学二年のころから、ずっと苦しんでることがあるんです。ひとに話し掛けられると、反射的にいい返事をしてしまう。そしてなんでも引き受けてやってあげる。けれど自分では、パッと返事をしてしまったあとで、『またやってしまった』と思うんです。『あれは私じゃないんだ!』って思う。いつもそうで、いやでたまらない。だけどやめられない。自分じゃない、自分じゃないと思いながらやめられない、どうしたらいいでしょう」。

事実その人は、友だちに聞いてみると、やさしくて、おだやかで、実に親切ないい人だと口を揃《そろ》えて言う。しかし、その「いい人」が、彼女にとってはアリ地獄――常に自分をとり逃がして、それを追いかけ、ほぞをかみながら、自分不在の生を生きてきた、というわけだ。ある大学での演劇の稽古《けいこ》のあとである。演技の問題ならしらず、私は、まさかこんな相談をかけられると思っていなかった。答えられるようなことでもない。

しかし、私には、ひとつだけ答えられる方法があった。彼女の姿勢をまねてみせたのである。「あなたのからだをまねしてみると」と私は始めた。「まず、ここに顔をおいておく。ちょうどお面のように、顔を空間にかけておく。そして、いつ、だれかが、私にこえをかけるだろうか、と気をくばって、こえがかかったらすぐに返事しよう、相手を傷つけないように、とりあえずいい顔を見せようと身構えている。そして、そう身がまえた顔のうしろに自分のからだを、できるだけ相手に見えないように、相手から傷つけられないように、すぐ逃げられるように、できるだけ遠く、こわごわとおいている」。

とたんに隣にいた彼女の友だちが、似ている！　と叫んだ。彼女は少しねこぜ気味で、しかし目は大きく、いつもほほえんでいるのである。

「私は原因や、それをなおす方法を言うことはできないけれども、あなたのからだが志向していることの意味はわかるように思う」と私は言った。

「あなたは外界が怖い、だから逃げたい。外界は自分に対して容赦なく迫ってくる。侵入させないように、壁を作って自分を閉じ、ひきこもりたい。だが相手を拒絶しておこらせるのは、これも怖い。コミュニケーションを引き裂かれることも怖いのだ。できるだけ平穏に、おいておきたい。この二つの方向があなたのからだにある。だから、にこやかな、しかしニュートラルな（中立性の）顔を前におき、胴体はうしろにひきこんでねこぜになっている。

どうやら問題は、外界――非自――に対して、コミュニケーションを拓《ひら》き、どう親しい関係を持てるようになるかということ、その姿勢がどうしたらなおるかということだと言えるだろう」。

それから長いやりとりの中に、私はふと思いついてこう提案した。

「サングラスをかけてみたらどうだろう。サングラスをかければ、顔の前にひとつものがある。そのうしろにかくれて外界を眺めることができる。少なくとも、からだは二つに引き裂かれず、統一を持てるのじゃないか」。

彼女は、すぐ友人のサングラスをとり上げてかけてみた。とたんに、

「ヒトの顔が見える！」と彼女は言った。「今まで、ヒト（他人）の顔を見たことがないんです。見てるような顔はしていたけど、見ることができなかったんです。はじめて顔が見えます。わあ！」と言って彼女は大きく息をした。

彼女にとってここ十年近くではじめて、他者にふれる条件を作り出せたわけであった。

からだが何を志向しているかを姿勢からよみとるこの見方は、こうして私の基本的な思考方法になっていった。

（竹内敏晴著『ことばが劈かれるとき』〈一九七五年発行、一九八八年刊のちくま文庫〉より）

設問　以上の文章を読んで、Nがサングラスをかけるまでヒトの顔を見たことがなかったのはなぜかを、四〇〇字以内で説明しなさい。

(1)課題文の筆者と演習の結果

課題文の筆者である竹内敏晴は、長らく演出の仕事にたずさわったあと、他の人とふれる接点である「からだ」をより深く知ることへと重点をうつして演劇教室を開き、次いで「生きられる世界」を教育の世界で取りもどそうとする試みへと活動の輪をひろげていった人です。女子学生Nと筆者とのやりとりはその努力の過程であったエピソードのひとつで、「治癒としてのレッスン」という章のタイトルさながらの内容になっています。ふたりのやりとりりと筆者の工夫はNの「ヒトの顔が見える！」ということばに結実したと言えるでしょう。めでたしめでたしの結果で、「からだが何を志向しているかを姿勢からよみとるこの見方は、こうして私の基本的な思考方法になっていった」とあるので、筆者にも貴重な体験だったと思われます。現実の問題にとり組むという点からこの体験を言いあらわすと、筆者はNから提示された現実の問題をひとつ解決した、ということになります。

では読者のほうはどうなのでしょう。課題文は文章として読みやすく、内容もわかりやすいのですが、サングラスをかけたとたんに人の顔が見えるようになったということは、考えてみると不思議なことです。どうしてそうなのか、この疑問が解消して初めて、Nの状態と筆者の工夫がわかったと言え、自分も筆者と同じように現実の問題をひとつ解決したと言えるはずです。それでこの疑問を設問としてみんなに考えてもらおうと思ったわけです。

では、この初回の演習の結果は、どうだったのでしょう。

演習の結果

実はみんな失敗です。この課題文をもちいた演習では、二年とも同じ結果になっています。

生徒諸君の答案例はあとで実際に示しますが、演習が終わったあと、みんな愕然《がくぜん》として、異口同音に「わあ、これまでは自分なりに考える力ならあると思っていたけれども、実際には全然ないんだ！」などと叫んでは、ひとしきり感想を言いあっていました。

考えることに自信があった生徒は「なんでこれでダメなんだ！」、といかにも不満げな表情を浮かべます。性格がまじめで学科の勉強をしっかりやってきた生徒は、そのためかえって頭が動かず、うまく書けなかった自分の答案を見つめているうちに、すっかり意気消沈してしまいます。「ダメだ、ダメだ！」と呟《つぶや》く生徒や、うつむいて黙りこんでしまう生徒もいます。まるでカルチャーショックを受けたような状態です。

実際、学科の勉強と論文の勉強はまったく性質がちがうので、その違いに接することはカルチャーショックと呼ぶにふさわしいでしょう。みんな詩や小説の感想文は国語の時間に書かせられてきたけれども、それは自分で問題を考えて文章を書くことにはまったく繋《つな》がらなかったのです。

奇妙な結果

しかしNの話は日常生活のなかでよくある一こまです。生活のなかで生じたこうした問題はみんなそれなりに解決してきたはずです。それにもかかわらず、Nがサングラスをかけたときに「ヒトの顔が見える！」と言ったのはなぜかという問いに、どうしてみんな答えることができなかったのでしょう。

この結果はなんとも奇妙です。やはりどうしても、原因をはっきりさせないと、誰《だれ》のためにもなりません。しかし、その作業はかなり長くなります。ここで一息入れましょう。

ティータイムⅠ〈日常のおしゃべりと論文試験の論文〉

休憩時間の話題として、おしゃべりを取りあげてみます。

喫茶店に入ると、ふたりが向かい合ったり、数人が輪になったりして、おしゃべりしている姿をよく見かけます。街を歩きながらおしゃべりしている姿もよく見かけます。そんなおしゃべりでは、ことばが何度も行き交います。ひとりが話したことばをもうひとり（ないし別の人）が聞いて理解し、自分なりに考えてことばを返す、この繰りかえしがおしゃべりになっているわけです。

おしゃべりに夢中になっているときには、自分がこんな風にことばをやり取りしているなんて、考えてもいないでしょう。でも、トンチンカンな受け答えをすると、なに聞いてたんだよ、と言われます。逆に、相手が知りたかったことを言えば、そう、それそれ、という答えが返ってくるでしょう。相手の疑問を解けば、ありがとう、と感謝のことばが返ってくるかもしれません。他にも色々なやりとりがあり、時が経《た》つのも忘れてそのやりとりを繰りかえすのがおしゃべりの楽しみにもなっています。

ことばの一往復

こうしたことばのやり取りでは、一方がなにかを言い、他方がそれに応《こた》える、ということばの一往復が基本単位になっています。この一往復は、実は、そのまま論文試験にもあらわれています。論文試験では、その前半を課題文が受けもち、後半を受験者が受けもっているからです。課題文のほうがまず語りかけ、受験者が同じく文章でそれに応えることで、試験が成りたっているわけです。

その意味では、論文というものを特別視する必要はまったくありません。ことばのやり取りの後半を自分が受けもったというだけだからです。強いて違いをもとめるなら、書くという作業が入ってきたことでしょう。

論文とは対話なのです。

では、普段のおしゃべりではどんどん話が運ぶのに、女子学生Nのジレンマを取りあげた文章を読んで設問に答えたとき、なぜみんな失敗したのでしょう。

実はこの疑問には厄介な問題が色々ふくまれていて、簡単には答えようがありません。しかし、簡単な答えがないからといって問題をやり過ごすと、ごまかしになります。ですからひとつずつ問題を解決してゆきましょう。その手始めとして、これまでなんの断りもなくもちいてきた「課題文」ということばを、ここで説明しておきます。

「課題文」

書物に載っている詠み人知らずの歌や、民間伝承ないし民族的伝承は、もう誰がつくり誰が記したのか、確かめることができません。しかし、試験にでる文章は、誰かひとりの人が書いたもので、書いた人を特定することができます。

国語の試験の場合、その文章は問題文と呼ばれるのが普通かもしれません。論文試験の場合には、提示した文章をどう理解するかによって、呼び名が変わります。設問の文言に「資料文」がもちいられているなら、それは提示した文章を「資料」として活用し、自分の考えを展開しなさい、という意味なのでしょう。本書では「考える課題が提示された文章」と受けとめ、一貫して「課題文」と呼ぶことにします。

論文の勉強で第一に厄介なことは、実は、考えることではなく、課題文を理解することです。ひとりの人が書いた文章を読み解くことです。読み解くことが課題になっているという意味でも、出題された文章は「課題文」なのです。

課題文に選ばれる文章は、ひとりの人が試行錯誤をかさねながら積みあげていった経験から語りだされていることが多いので、おしゃべりのときのように気軽に理解することはできません。これが演習で失敗した理由のひとつです。それでもそんな文章を読み解くのは、誰にでも、わかりたい、という気持ちがあるからです。試験はその成果を問う場なのです。

(2) なぜ的確に考え書くことができなかったか

小学校にはいってから高校を卒業するまでに普通は十二年かかります。その十二年のあいだには誰もがそれぞれに考え、また悩んでいるはずです。そしてその経験があるなら、女子学生Nの悩みもそれなりに受けとめられるはずです。Nの話は自分のかかえた問題をうまく考えられなくて悩んでいた例になるからです。

ところが、その悩みを解決した竹内敏晴の文章を読んだのに、設問にまともに答えられた人がひとりもいない。まるで十二年のあいだ国語を勉強してこなかったかのようです。まるで十二年間ものを考えないですごしてきたかのようです。そんなことはあり得ないわけですから、やはりこれはどうしても原因をはっきりさせなければなりません。以下、原因として考えられることを何点かあげ、文章の基本とからめて検討することにします。

原因①

まず第一にあげられる原因は、問題解決型の文章を書くのは、この演習が初回だったことです。これまで学校でやってきた勉強をふりかえれば、これはすぐわかります。

文章を読んで○や×で答えることなら、小学校からいろんな科目でやっていて、すっかり慣れています。一〇字から一〇〇字くらいで設問に答える記述問題も、数が少なく、うまく答えられないことが多いけれども、やってはいます。歴史の記述問題では一〇〇字を超える文章を書かなければなりませんが、これは書く内容が決まっているので、それを覚えることで対応できます。もっと長い作文も、中学生のころまでは書かされたことがあります。

しかし、同じく文章を書くといっても、今回の問題のように、文章中の一点から生じる疑問を自分で考え、数百字の文章を書くなんて、学校ではやったことがなく、初めての経験です。これではうまく設問に答えられないのがあたりまえというものでしょう。

どんなことでもそうでしょうが、一度も練習したことがないのに、初回から水のなかの魚のように動けるなんて、まずあり得ないことです。ちょっとやってうまく行かない。それで少し本気になってやりはじめるが、それでもいろいろヘマをする。それでやっと意外にむずかしいことに気づく。こんなことを繰りかえしながら、同時におもしろさを知ってゆくのが大多数の人にとっての普通の在り方でしょう。

文章を書くことも同じです。それを今回、水浴びくらいしかやったことのない人に、泳ぎ方もまともに教えないで、とにかく水に飛びこんでごらんといった風に演習をしたのは、何事にも最初があり、まずやってみることが肝心だからです。「はじめに」の冒頭で述べたように、文章を書きながら理解し考えるこの勉強は、自分で実際にやってみないと、自分がなにをやっているかも見当がつかないからです。

だから一メートルでも二メートルでもよいから泳いでごらんというつもりで、四〇〇字以内と字数を決めてもあったのです。もちろんこの字数がいわゆる小論文の試験に多いことも考慮に入れてあります。

四〇〇字は原稿用紙一枚です。今回の指定は四〇〇字以内です。これは考えたことを一気に書けばよい字数です。生徒諸君はおそらく無我夢中で書くだろうから、段落の最初の一マスはさげるといった、小学校でおそわった原稿用紙の使い方になど配慮する必要はない。自分がなにを考えているかにさえ気づかないだろうから、マス目は少なくとも九割は埋めるといった、試験答案で基本とされる注意なども無視してかまわない。とにかく自分で考えたことを書いてくれればよい。このようなつもりからです。

文章を読むことは簡単じゃない

結果はみんな失敗に終わったわけですが、それでも書いてはいます。これでとにかく水に飛びこんだわけです。あとは、自分がどんな文章を書いたか、どんなコメントが返ってきたかを知ることから、泳ぎだせばよいのです。具体的に語ると、文章を読むことがそう簡単ではない、と用心することから泳ぎだすのです。

この用心の必要はここ数年のどの生徒にも当てはまります。そう指摘する私にも当てはまります。おそらくは他の誰にでも当てはまるでしょう。これは論文の勉強のため、問題解決型の文章が書けるようになるための、もっとも基本的な出発点と言えるでしょう。

原因②

第二の原因と言えるのは、自分の力で考えることが容易ではないという、これまた誰にでも当てはまる点です。小説家が作品のなかで「世の中の人間の大半は、自分の頭で考えることなんてできない」と登場人物に言わせている（村上春樹『１Ｑ８４』）のも、そのせいなのでしょう。

考えることや、わかるということは、簡単ではありません。今まで自分が考えたことのない事柄を考えたり、自分が使ったことのない語彙《ごい》のでている文章を理解するのは、誰にとっても厄介です。この点は、ちょっとわからないことがあると、すぐ諦《あきら》める人が少なくないので、知っておいて悪くありません。そして、考えるのが厄介だということと、考えることができないということは、同じではないということも、ここで確認しておきましょう。

考えるとか、わかるということを問題にするときには、もっと前の段階に目をむける必要もあります。生徒がわからないと言ってくるときには、なにがわからないかさえわからない状態から、考えようとする努力がはじまっているからです。

論文の勉強では、課題文を読むことくらいは（日本語だから）できる、しかしどこから考えはじめてよいのかわからない——という状態が、それに加わります。この状態も実は課題文が読めていないからですが、しかしそれがそのまま考えることができないということになるわけではありません。

ではなぜ小説家が平気で、世間の大多数の人は自分の頭で考えられない、と登場人物に言わせているのでしょう。

原因③

こうなると、第三の原因として、やはり、文章の内容を手短にまとめる練習を学校でしていないことを挙げなければなりません。これが読解の基礎なのに、年間をとおして継続的にその訓練をしたという生徒は、ここ数年皆無です。

これではそもそもうまく考えることができません。あらかじめ内容を手短にまとめておかないと——たとえば要約していないと——筆者がこの文章で本当のところ何を言いたいのだと考えても、うまく答えることができないからです。それにうまく答えられないと、設問に的確に答えることができないからです。

内容を手短にまとめること、これは文章理解の基礎です。ところがこの基礎が学校教育からすっぽり抜けおちている。非常に残念なことですが、いつになったら学校でこうした基本が身につけられるか皆目わからない状態です。だから自分で練習する以外にありません。その一助として、ここで文章について、おそろしく基本的なことをお話しします。この基本的なことを身につけることが、そのまま論文を一本仕上げることに通じてゆきます。

(3) 論文を一本仕上げるまでの過程

読解の基本

文章を読んで理解するとき、もっとも基本的でもっとも大切なことは、その文章で筆者が伝えたかったこと・書きたかったことを捉《とら》えることです。簡単に言えば、筆者がこの文章で本当に言いたいのはなんなのか、と考えることです。そう文章に問いかけることです。

本当に言いたいことを捉えないでいるのは、おしゃべりなら、なに聞いてたんだよ、と言われるのと同じです。おしゃべりも、書くことも、基本は同じなのです。

その言いたいこと、つまり文章の核心は、メッセージと呼んでもかまいません。筆者となる人は、不特定多数の人になにか言いたいこと（メッセージ）があって、それをしっかり伝えようとすると、文章を書かなければメッセージ自体がはっきりしないから、みずから文章を書き、それで筆者になるのです。

そうして書かれた文章には、常に、内容の展開過程があります。筆者はいくつかの（あるいは数多くの）要素を組みあわせ、順序よく内容を展開するからです。ですから、図式的に言うと、文章を書くという営みは、メッセージ→展開過程→実際の文章、という三つのレベルで捉えることができます。

それなら、この流れを逆にたどれば、メッセージに行きつけるはずです。文章を読むということは、①最初の文から順次読んでいき、②内容の展開過程を押さえ、③筆者のメッセージを捉える、という三つのプロセスから成っているわけです。

文章理解の基礎と言った「内容を手短にまとめること」は、この三つのプロセスのうちでは「内容の展開過程を押さえ」に当たります。「文章の内容を手短にまとめること」は、具体的には「展開過程を手短にまとめること」です。「文章の要点をまとめること」と言っても内容は同じです。

二種のまとめ方

そのまとめ方には、ふたつのやり方があります。その違いが内容の理解にとても大きな意味をもってくるので、以下にそのふたつを箇条書きで記して、違いを説明します。一般的な話がつづきますが、あとで課題文を具体例に説明しますから、少しがまんしてください。以下がそのふたつのやり方です。

(a)文章の流れにそってとにかく書いてある要点をまとめる。
(b)筆者のメッセージをつかむため課題文に「なぜ」を発し自分で答え要点をまとめていく。

(a)は普通よくもちいられる方法です。論説文の要約をつくるときや、小説のあらすじをまとめるときの普通のやり方と言ってもよいでしょう。ところが、このやり方で文章の内容を的確にまとめた人でも、課題文の内容について考えて文章を書くよう求められると、とんでもない誤解を書いてしまうことがよくあります。(a)は読解の点で不完全な整理方法で、本当に筆者のメッセージをつかむまとめ方ではないのです。

ではなにが必要になるかというと、(b)のように、筆者のメッセージをつかむことを目的に課題文に「なぜ」と疑問を発しながら、内容の展開過程を整理することです。実際に疑問を発するときには、内容におうじて設問の文面を工夫する必要があり、しかも発し方にコツがありますが、その習得は慣れでなんとかなります。それにそのやり方はあとで実地に説明します。ともかく、「疑問を発しながら」が、文章の内容を手短にまとめるときのポイントだということを忘れないでください。
ではなぜそれがポイントなのでしょう。

論文は対話である

この点が疑問に浮かんだら「ティータイムI」で述べた「論文は対話である」を思いだしてください。論文を書くことはこの対話を実行することですが、対話にふたつの側面があるので、「疑問を発しながら」もその二側面と密接に関連してきます。

第一の側面から説明します。

ただやみくもに文章にむかって「筆者がこの文章で本当に言いたいのはなんなのか」と問いかけても、すぐ答えが得られるわけではありません。内容を整理していないと、頭がモヤモヤするだけで、下手するとピンボケな答えをだしかねません。それで要点の整理が必要になります。

そのとき、個々の要点に「なぜ」を発し、その意味や他の要点との関連を考えながら内容をまとめていくと、それは課題文から「なぜ」にたいする答えを見つけたり、自分で考えて答えをだす作業になってゆきます。内容をはっきり理解しながらまとめる、つまりことばのやりとりの前半を占める課題文をしっかり受けとめる、ことができるようになるわけです。

相手が語る部分を自分が代わりにやるので、文字どおりの対話ではありませんが、それでも課題文とのやり取りになるから、課題文との対話と言うことができるでしょう。これが論文の勉強で「論文は対話である」がもつ第一の側面の実際の在り方です。

次は第二の側面ですが、その側面をはっきりさせるために、(b)を実行するときの実際のやり方をふたつに分けて説明します。それは次のようになります。

❶作業の根底に「筆者がこの文章で本当に言いたいのはなんなのか」という問いをおく。

❷その問いをたもちながら、課題文に「なぜ」を発し自分で答えながら要点をまとめていく。

ピント合わせに注意

(b)との違いは❶がつけ加わったことです。(b)にふくまれている❶の点を特に取りだしたというほうが正確でしょう。❶を特に取りだしたのは、この❶をしっかり意識することが大切だからです。もっと正確に言うと、課題文に「なぜ」を発するとき、❶の「筆者がこの文章で本当に言いたいのはなんなのか」という問いの答え、つまり筆者のメッセージに相当するものに、自覚的にピントを合わせることが大切だからです。

実際の作業は、答え（筆者のメッセージ）に相当するものへのピント合わせと❷とが、並行してすすみます。カメラなら肉眼でピントを合わせられますが、文章の核心の場合には、心でピントを合わせるので、その働きをささえる的確なことばが多く見つかるほど、ピントが合わせやすくなり、それだけ、これが筆者のメッセージだ、と言いやすくなります。

このピント合わせは、要点の処理と並行しておこなわれるので、最初はなかなかうまくやれません。だから練習です。最初、課題文を大づかみにとらえてから、「筆者がこの文章で本当に言いたいのはなんなのか」という問いかけを合い言葉に、要点を整理し（つまり内容の展開過程を押さえ）ながら、メッセージをとらえる練習をするわけです。

論説文やエッセイや小説など、文章のタイプが変われば、内容のまとめ方もちがってくるので、その違いを押さえておくことも必要です。しかし文章がどのタイプであれ、論文の勉強はこの練習だと言ってもよいほど、ピント合わせをともなうこの練習は大切です。

ピント合わせ＝論文を書く

その理由はもうはっきりしています。よくわからない語の意味を文脈のなかでとらえる、個々の語句の相互関連を考慮する、その上でこのピント合わせをしながら、課題文に「なぜ」と疑問を発する、課題文から答えを見つけたり、課題文を手がかりに自分で考えて答えをだしながら、要点をまとめ、筆者のメッセージをとらえる作業をすすめる――以上のプロセスがそのまま論文を書く作業になるからです。課題文の筆者に応える文章ができるのです。これが「論文は対話である」がもつ第二の側面の実際の在り方です。これで対話一サイクルが完了します。

要するに、内容を手短にまとめる過程に、内容の検討がはいってくるので、筆者の言いたいことをつかむ過程が終わると、その言いたいことを自分で考える過程も終わっており、あとは設問の要求にそくしてその考えをまとめるだけになります。それで論文が一本仕上がるわけです。

別の言い方をすると、**読解の基本を実行することが、そのまま論文を仕上げることに**なっているとも言えるでしょう。**設問を念頭におきながら、課題文をすなおに最初から読んでいき、わからない箇所があったら考え、考えた結果ともども書いてゆく、**基本的にはこれでよいわけです。筆者のメッセージがつかまえられているかぎり、これで論文は完成します。以上のプロセスは、課題文を検討しながら内容を手短にまとめることが、そのまま論文を書くことになると言うこともできます。

そのプロセスを一覧にしてかかげます。

論文を一本仕上げるまでのプロセス一覧（以下「一覧」）

❶課題文のジャンルを確定ないし推定する。
❷課題文の大まかな構成をとらえる。
❸設問の文面を検討する。
❹筆者のメッセージにピントを合わせ、課題文に「なぜ」と疑問を発し、課題文自体から答えを見つけたり、課題文を手がかりに自分で考えて答えをだしながら、内容を手短にまとめ、筆者のメッセージをことばにする。
❺以上の結果を設問に答えられるように整理して、最初から最後まで一本筋がとおるようにまとめる。

❶〜❸は予備的な検討で、❷は「木を見て森をみない」と言われないための作業です。❹がもっとも大切なことで、❺は実際の答案作成になります。この一覧に示したプロセスを失念すると、**課題文からはなれ、自分の頭だけで考えてしまい、失敗します。**この点には注意が必要です。

一般的な話がつづいたので、疲れたでしょう。ひと休みします。

ティータイムⅡ〈新しいことばが頭に入るとき〉

こんどは電車のなかで本を立ち読みしていたときのことからお話ししましょう。なんの本を読んでいたかはもう忘れましたが、電車の走る騒音から浮かび上がるように、「あ、あれって、なんだっけ……。そうだ、エコだ、エコって言ってたやつだよ」、と思わず叫ぶような声が耳にはいってきました。声のほうをふり向くと、もう二十歳にはなっているだろうと思われる青年がふたり立っていて、どうやらそのひとりが語ったことばだったようです。

新しい単語が理解されるとき

実際にどんなことが話題になっていたのかはこれだけではわからず、この発言のあとがどうなっていったのかも、私の記憶には残っていません。それでも、「そうだ、エコだ、エコって言ってたやつだよ」という発言から、ひとつわかることがあります。

この青年が、それまで人から聞いてことばとしてなんとなく知ってはいたけれども、よく意味のわからなかった「エコ」という語を、ある現実のものと結びつけたということです。これで「エコ」という語が適用される現実の範囲もある程度は見当がついたことでしょう。私はことばが現実に結びつけられる瞬間を聞いたわけで、それが私の関心をひいて、読書中の耳にはいってきたのでしょう。ことばの在り方への関心をすてられない私にとって、その瞬間を耳にしたことは貴重な体験でした。

小さなこととはいえ、ひとつの単語がこのように現実のものに結びつけられたことは、大きな意味をもちます。これで少なくとも青年は、このあと「エコ」という語を、現実との関連を失わずにもちいることができるからです。そうして「エコ」と言っているうちに、このことばが環境世界の危機的な状況と結びついていることもわかるようになるでしょう。このことばを発したときには、新しい視野がひとつ開けてもいたのですから、自分の生きている世界を全体としてとらえるきっかけになるかもしれません。だから意味深いのです。

この「そうだ、エコだ、エコって言ってたやつだよ」ということばが意味することは、それだけではありません。そう言った瞬間は、おそらく、誰もが幼児のときにことばをひとつずつ習得していった体験に対応してもいるでしょう。その体験を想《おも》いおこさせたという点でも、青年のことばは意味深いのです。

誰も自分がどんな風にことばを身につけたかはもう覚えていません。だから単語ひとつ覚えるのにどれだけ苦労したのかも覚えていないわけです。しかし、学校で勉強するようになると、それも学年があがるにつれて、どの科目でも、新しいことばを覚えるのがだんだん厄《やっ》介《かい》になってきます。それなりに考えなければならないことが増えてくるからです。英語の単語はその厄介さをよく象徴しており、誰もが経験していることです。

この厄介さは論文の勉強にも言えます。筆者のことばが反映している答案がほとんどなかったからです。生徒諸君は「そうだ、エコだ、エコって言ってたやつだよ」と言えるような体験を演習中にしなかったわけです。いったいなぜなのでしょう。

高校を卒業するまで国語の時間になにかを勉強したという覚えはまったくない、と断言するように話す生徒もいるので、その勉強の仕方がわざわいしていることはまちがいないでしょう。しかし、読んでわかったはずのことばを自分で生かせないということは、考えてみれば不思議なことです。その理由をここで少し考えてみます。

見慣れない語がある

まず言えることは、課題文に見慣れないことばがでていることです。たとえば「非自」です。これは「自にあらず」だから「自分でないもの」を意味するのだろうと考えることはできます。しかし生徒諸君は初めて見たことばだったでしょうから、本当にその理解でよいのか、あまり確信がもてなかったでしょう。

なかには「外界――非自――に対して」という文面から、「非自」は要するに「外界」のことなのだろう、だから最初の理解でよいのだと確認した生徒もいたでしょう。文脈をよく見る習慣を身につけていれば、それが可能になります。

しかし「劈く」となると、どうして筆者がこの漢字をもちいるのか、誰も見当がつきません。文章のなかに自分のよく知らないことばがあると、なかなか思うように理解できないものです。「非自」の意味を確認できた生徒でも、これはむずかしい文章のなかでもちいられそうなので、自分の知らない意味がもっとこめられているかもしれないという不安がつきまとい、思うように頭を動かせなかった可能性があります。筆者のことばをうまく自分の文章に反映させられなかった理由のひとつは、このように、わかりにくい語があることだったと思われます。

誰もが生まれ育った場で考える

次に言えることはもっと大切で、誰もが自分の生まれ育った環境のなかで感じ考えているということです。生活を基盤として感じ考えていると言うこともできます。なにかを発想するときも同様でしょう。そのときにもちいる語彙は数にして千数百で、この千数百の語彙を基盤にして誰もが生活のなかで生じるあれこれの出来事を考えたり、処理したりしているわけです。

新しいことを学ぶときも同じです。まず生活のなかでもちいる語彙とその語彙をもちいる思考が基盤になります。その思考によって新しい事柄をかみ砕き、自分がもっている現実の理解のなかに組みこんだとき、わかった、と言える状態になるのでしょう。そのようにして自分の語彙を少しずつ増やしてゆくなら、自分の生活世界もしだいに広がってゆきます。勉強は本来そうあるべきものです。

ところが、最初の演習の答案を見るかぎり、ほとんどの生徒は筆者のことばをそのように自分の理解のなかに組みこむことができなかったようです。読んでわかったはずのことばを自分で生かせなかったわけです。

しかしそれは無理もないでしょう。筆者はとても経験ゆたかで、絶えず思索をかさねてきた人です。ところが生徒諸君のほとんどはまだ十代で、社会経験と言えるものがあまり多くない。そのため、筆者の発想する基盤と、生徒諸君の発想基盤とには、大きな違いがありま す。その違いが本当のところどんな違いなのか、どれほど違うのか、こうしたことは夢中で考えている演習中には、見当がつかなかったでしょう。

これでは筆者のことばを、うまく自分のことばとかみ合わせることができません。下手をすると、親子の断絶と同様に、すれ違いになるだけです。

筆者との基盤の違いがあるとき

どうやら、経験の違いに由来する発想基盤の違いには、とんでもなく面倒なことがふくまれているようです。だからなおさら先達から学ぶ意味があるのだということにもなってくるわけですが、ではその違いがあるとき、生徒諸君はどうやってかみ合わせ、筆者のことばを答案に反映させられるのか、そんなことなんて、そもそもできるのか、こうしたことが問題になってきます。

電車のなかで耳にした「そうだ、エコだ、エコって言ってたやつだよ」という発言から、思わぬ展開になってしまいましたが、次は初回の演習のあとがどうなったか、この点からお話しします。

(4) 授業では

初回の演習でみんながカルチャーショックを受けることは、想定していたことでもあります。演習するまえの自分のままでいたのでは、当人の望む力が生まれません。動揺してくれないと、演習をする意味がなくなります。論文の勉強では、人の書いた文章を受けとめる心が変わらないと、何事もはじまらないのです。

宿題とA君の書き直し

しかしショックを受けたままでは先にすすめないことも事実です。それでこれまで述べてきたことの一部を、それも特に読解の基本を説明してから、もう一度書いてみなさい、と言って宿題にします。この宿題は毎回やります。一回でしっかり書けることはないからです。みんなが読解の基本を聞くのはおそらくこれが初めてでしょう。だからこの基本はどうしても話す必要があります。しかし全部を説明したのではおもしろくありません。生徒諸君がみずから努力して書くことが肝心です。一週間後、授業のはじめに宿題を受けとって、次の演習をしているあいだに軽く添削して返します。
次にかかげるのはそのときに受けとったA君の書きなおし答案です。A君はこの文章を書くのに、毎日少しずつ考えて、やっとここまでまとめたとのことです。あとでコメントをつけるときの便宜のために、下線と注番号をつけておきます（以下男女の別なく君づけにします）。

Nがサングラスをかける事でヒトの顔が見れたのは、①顔の前に一つものがあり、後ろに隠れて外界を眺める事ができたからである。すなわち、サングラスをかける事は、相手に不躾《ぶしつけ》に自分の領域に入ってこれないようにする壁であり、かつ、相手に対して一旦《いったん》距離と時間を置いてから、適度な距離感を作り出すきっかけとなるものである。
②相手の顔を見る事は、相手と物理的にも心理的にも近い距離で相手と向き合う事であると同時に、自分をさらけ出す事につながる。Nは、未知の世界である外界から傷つけられる事を怖れた為《ため》、③顔を見ない事で相手との距離を置き、自分を守ろうとしたのだと考える。④一方でNは、相手を怒らせ、コミュニケーションを引き裂かれる事も恐れていたが、

いい返事をするしか方法が分からず、そんな自分に嫌気がさしていた。ゆえに、相手に偽りの自分を見せる事も嫌だったのだと考える。

この答案でA君は設問を「Nがサングラスをかける事でヒトの顔を見れたのは」と受けかえし、続く①でずばり「顔の前に一つものがあり、後ろに隠れて外界を眺めることができたからである」と答えます。課題文もよく理解し、よく考えられた文章です。書きなおしとはいえ、最初の演習でここまで書いてくれれば文句なしです。以下に軽くコメントします。ことばづかいの細かな点は無視します。

説明が必要になる比喩《ひゆ》

結論からはじまるこの答案で、段落末までつづく次の文は①をもっと詳しく説明した文で、内容の点では二面からなっています。第一の面はNに話しかけてくる人を念頭においたもので、サングラスの役割を課題文中の比喩を利用して、「相手に〔が〕不躾に自分の領域に入ってこないようにする壁」と言いあらわします。

第二面はサングラスの役割をNの側から説明したもので、「相手に対して一旦距離と時間を置いてから、適度な距離感を作り出すきっかけとなるものである」と述べます。この説明もわかります。ただ、「きっかけ」は弱いでしょう。「余裕をあたえるもの」などの表現がふさわしかったかもしれません。

この第一段落で基本的に設問に答えているので、字数がもっと少なく簡潔に答えるだけなら、答えとしてはこれで充分です。しかし、このまま終わってしまうと、Nが根本的にかかえていた問題は触れないままになります。だからもっと説明が必要です。

その説明を②の「相手の顔を見る事は」ではじめたのは、なぜNが「アリ地獄」にいるかを解き明かそうとしたからだと読めます。A君はその「相手の顔を見る」を、「相手と向き合う事」と、「自分をさらけ出す事につながる」と、またふたつの面から説明します。

次いでその両面にともなって生じる外界への怖れを指摘し、その怖れがあるからNは「顔を見ない」という③の方法を採ったのだ、と自分の考えを展開します。これもよくわかる説明です。最後になる④の「一方で」からはじまる二行半は、「いい返事をしてしまう」Nの窮境を説明したもので、それで終わっています。単純に字数を数えると三七一字なので、たとえば「それで筆者に相談し、サングラスをかけたら、人との適度な距離感が生まれたのである。」とすれば、冒頭の記述に対応した終わり方になったでしょう。これだと字数が十一字超過しますが、それは途中の語句を工夫することでなんとかなります。

今回の課題文は二年にわたって利用し、書きなおしもしてもらったのに、ずばり設問に答えた文章は、結局、A君のこの書きなおし答案だけでした。どうやら、Nが「ヒトの顔が見える！」と言ったときの様子はそれなりにわかっても、サングラスをかけたときの状態を具体的に想い描くことは、なかなか困難なようです。

紙に穴を開けて

それで授業では、あまっている答案用紙に穴をふたつ開け、それで顔を隠し、ふたつの穴からみんなを見ながら、「君らは私がどんな表情をしてるかわかんないでしょ。でも私のほうは、ゆったりかまえて、みんなの顔をよーく見ることができる。表情もよーくわかる。これでNがサングラスをかけたときの状態がわかるでしょ」と言うと、唖然《あぜん》としている生徒の顔まで穴から見えたことを覚えています。

これで一応みんなもわかってくれたようですが、生徒諸君が組織的に考えられるようになるためには、「論文を一本仕上げるまでの過程」で必要な検討方法を、もっと詳しく説明する必要があります。本書では、その検討として、①予備的検討、②本格的検討、③戦略的検討、の三種をもちいます。

予備的検討は文字どおり予備的な検討で、すでに述べたように、課題文と設問を大まかに検討し、筆者の言いたいことと、自分が書くべきことに、見当をつけておく方法です。これは本格的検討をするときにも、戦略的検討をするときにも、前もってやっておきます。

本格的検討は設問と課題文の双方を丹念に検討する方法です。戦略的検討は時間のかぎられた試験などに便利な方法で、まず設問を検討して、要求事項をつかんだあと、その要求をみたす点を課題文から選びだし、主にその部分を検討して答案を書く方法です。こうした方法は実例がないとわかりにくいので、予備的検討で課題文を検討することから説明します。

(5)課題文の予備的検討

予備的検討の手順

この予備的検討は、❶文章のジャンルを押さえる、❷課題文を検討する、❸設問を検討する、と進みます。課題文を読む自然な流れにそくしています。最初に論説文かエッセイかなどの文章のジャンルを押さえておくのは、筆者の言いたいことをつかむときにヘマをしない用心です。以下、この手順にそって実際に検討します。

今回の課題文で❶**「文章のジャンルを押さえる」**のは簡単です。一読してこれは筆者が自分の体験を述べた文章だということがわかるからです。

今度は❷**「課題文を検討する」**です。このときには、最初に、課題文の大まかな構成をとらえることからはじめます。誰でも文章をひとつ読めば、なにが話題になっているかは、だいたい見当がつきます。予備的検討は、そう見当づけたことを手がかりに、課題文の大まかな構成を押さえておくことです。ふだん何気なくやっていることを自覚的にやることと言ってもよいでしょう。

この課題文の場合、話がNの苦しみを中心に展開していることは、すぐわかります。その全体にざっと目を通すと、①筆者がNから相談をもちかけられた部分（「答えられるようなことでもない」まで）、②Nの相談に答えるべく、筆者がNの姿勢をまねてみせ、その姿勢に読みとれる意味を述べた部分（「その姿勢がどうしたらなおるかということだと言えるだろう」まで）、③めでたしめでたしの部分（最後まで）、と三つの部分から成っていることがわかります。

このように見当をつけながら全体の構成をとらえると、同時に内容を大づかみにとらえることになり、②の部分を詳しく検討すれば設問に対応できることがわかってきます。

これで予備的検討はおしまいです。自分で検討した結果はつねにメモしておくことを勧めます。楽しいから本を読んでいるときにそんな作業をするのはまったくの野暮ですが、試験では書いて勝負しなければならないからです。

次は❸**「設問を検討する」**です。その目的は、問われている事柄をはっきりさせることです。この作業をおこたると、途中で結論の方向がぼやけてきて、最後まで書けなかったり、中途半端なことばで文章を終えたりします。時間をロスしないためにも不可欠です。

と言っても、今回の演習の場合、設問の要求はとても単純です。課題文の最後のほうに書かれてある、サングラスをかけたとたんにNの発した「ヒトの顔が見える!」を承《う》け、「Nがサングラスをかけるまでヒトの顔を見たことがなかった」理由を訊《たず》ねているだけです。サングラスをかけたとたんに人の顔が見えるようになったということは、考えてみると不思議なことだという疑問からこの設問が生まれていることは、すでに述べたとおりです。

(6) 課題文の本格的検討と戦略的検討

予備的検討の結果、今回の課題文では、第二段落（第二のまとまり）を中心に検討すればよいと見当がついています。それに、課題文は筆者が自分体験をつづった体験談なので、今回は「筆者の書きたいこと」をつかめばよいわけです。ですから、設問の「なぜか」には「〜だからNはそれまでヒトの顔を見たことがなかったのである」と結論がくるように書けばよいと確認するだけにして、「一覧」（四五ページ）の❹を本格的に実行するときにも、第二段落に焦点を当てて検討し、他の部分は軽く済ませます。

第一段落

第一段落は主にNと筆者のことばから成りたっているので、内容は、Nの立場と筆者の立場の、ふたつのまとめ方が可能です。

Nの立場から整理すると、「Nはひとに話しかけられると、反射的にいい返事をして、なんでも引き受けてやってしまうが、そうする自分は『自分じゃない』と思いながら、それをやめられない。これが中学二年からのNの悩みである」となります。

かりに課題文の内容をNのことばだけでまとめることが可能だと考えると、これに「そのNが筆者の提案をうけてサングラスをしたとたん、今まで見ることができなかったヒトの顔が見えるようになった」を加えておしまいです。これでは、なぜ十年近くの悩みが一挙に解消したのか、わからずじまいです。ところが、筆者の立場から内容をまとめると、「他人にいい人を演じることがNにとってアリ地獄になっていた」と簡潔に言いあらわせ、筆者に考えることがありそうだということがわかってきます。

しかしNがアリ地獄にいることが、課題文で筆者の書きたかったことではありません。もしそうなら課題文は最初のまとまりで済みます。筆者の書きたいことは他にあります。

第二段落

肝心の第二段階を検討する番です。その冒頭で筆者は「ひとつだけ答えられる方法があった」と謙遜《けんそん》するように書きます。しかし姿勢をまねることでヒトの内面までわかるのですから、これはたいへんな方法です。誰でもできる方法ではありません。課題文はからだの動きから心の動きを見ぬける達人のことばです。

このことばに続く部分からできるだけ筆者のまねた動作が浮かびあがるようにことばを選びだすと、「Nは顔をお面のように空間にかけておき、いつ誰が声をかけても、すぐ返事し相手を傷つけないように、いい顔を見せようと身構えている。他方でそう身構えた顔のうしろに自分のからだを隠すように、すぐ逃げられるように、こわごわとおいている」となるでしょう。こうしたまとめのときには、人によって個々の語句に出入りが生じますが、①顔の置き方、②Nの気持ち、③からだの置き方、が中心になっていれば問題ありません。

この姿勢が適切だったことは「隣にいた彼女の友だちが、似ている！　と叫んだ」ことから充分に推測がつきます。右のまとめは、隣で一部始終を見ていた友人から、狂いがないことを証言してもらったようなものです。

ではなぜNはこんな姿勢をするのでしょう。要点に「なぜ」と疑問を発するときです。

答えは考えるまでもありません。筆者自身が「……あなたのからだが志向していることの意味はわかるように思う」と言って、説明してくれているからです。

筆者の説明を手短にまとめると、「Nは外界が怖いから逃げたいが、外界は容赦なく迫ってくるので、壁を作ってひきこもりたい、だが相手を拒絶しておこらせるのも怖い、それでにこやかな顔を前におき、胴体を顔のうしろにひきこんでいる」となるでしょう。このまとめは、①「外界にたいする気持ち」、②「外界にたいするもうひとつの気持ち」、③「にこやかな顔」、④「胴体の位置」が中心になっています。

①と②はわかりやすく、③はあとで触れるので、最後の④にたいして「ではなぜ胴体はうしろにひきこんでいるのか」と訊ねてみます。この疑問を解くときには、このエピソードの表題になっている「引き裂かれたからだ」という表現が手がかりになります。「からだが何を志向しているかを姿勢からよみとるこの見方」という最後の文のことばも、有力な手がかりになります。課題文が提示されたときに記されていることばはすべて利用する、これは設問に答えるときのコツのひとつです。

まず「からだが何を志向しているか」です。「志向する」のはふつう精神や心と受けとめられているので、この表現には筆者に特有の捉え方が反映していると見られます。次は「引き裂かれたからだ」です。これは、にこやかな顔と、うしろにひきこんでいる胴体に引き裂かれたからだを意味します。「にこやかな顔」は「相手を拒絶しておこらせるのも怖い」自分に対応します。その自分は自我と呼んでもよいでしょう。後者は「外界が怖くて逃げたいから」うしろに引きこんでいる自分に対応します。「壁を作ってひきこもりたい」自分、その傷つきやすい心に対応します。

第二段落の核心

結局、「からだが何を志向しているか」は「心が何を志向しているか」とほとんど同義で、「引き裂かれたからだ」は実質的に「引き裂かれた心」です。ここまでくれば、第二段階の核心はひとことで言いあらわすことができます。**「Nは外界にたいして身構える自分を顔のところに、外界を怖れ傷つきやすい心をもった自分を相手に見えないようにひきこんだ胴体のところにおいている」**です。Nは人とコミュニケーションを交わす主体である自分を顔のうしろの胴体のところに隠しています。胴体のところに後ろむきに隠れて、目をつぶっているかもしれません。

ふつうは表情から本人の気持ちを読みとれることが多いのですが、Nの場合はそうではなく、外界にむけた自分と人を受けとめる自分が分裂しているので、人は見えていても、実際には見ていない。結果的に心が表情にあらわれることもない。「にこやかな顔」は、自分も他人も傷つけないために工夫された作り物なのです。

しかしその顔が作り物だということや右のゴチック文字で記した核心がこの課題文で筆者

が本当に書きたかったことではありません。もしそうならサングラス云々《うんぬん》は不要になります。ここはピント合わせのむずかしいところです。Nはこの状態でいるのが苦しくてたまらないということをもっと追いかけましょう。

第三段落

Nはどうしてもこの状態から抜けだしたい。それを筆者は「問題は外界にたいしてコミュニケーションを拵き、どう親しい関係をもてるようになるかということ」だとまとめます。ここから第三段落がはじまります。

そうまとめた筆者は、解決策を探るべくNと長いやりとりをするなかで、「サングラスをかけてみたらどうだろう」と提案したわけです。サングラスをかければ、「顔の前にひとつのものがあり、そのうしろにかくれて外界を眺めることができる」、「つまりからだは引き裂かれない」状態が得られます。

その「からだが引き裂かれない」状態が「心が引き裂かれていない」状態であることは言うまでもありません。Nの心は胴体だけでなく顔にもあらわれることができる。分裂していたNはひとつになることができる。Nが「ヒトの顔が見える！」と言ったのは当然です。

「今まで、ヒト（他人）の顔を見たことがないんです。見てるような顔はしていたけど、見ることができなかったんです」と言ったのも、それまで実際には人を見ていなかったので、当然ということになります。

そう言って「大きく息をした」ところを見ると、どうやらNは新たな一歩を踏みだせそうです。それを筆者は「彼女にとってここ十年近くではじめて、他者にふれる条件を作り出せたわけであった」と説明します。しかしNにかんする記述はここで終わっており、最後に筆者の自己確認といえる文があって課題文が終わっているので、このあと本当にNがどうなったのかはわかりません。それでNに関しては、いったんの「めでたしめでたし」と言いあらわしておいたわけです。

Nの悩みは人に相談するにも勇気のいる問題で、それに触れるときの心理の微妙な動きを考慮すると、筆者がNとふたたびこの悩みを話しあう機会はなかったかもしれません。この想像が当たっているかどうかはともかく、最後の文の中ほどにある「こうして」は、内容がNの話から自己確認へ移行することを示していたのです。

まとめ

課題文の検討がおわったので、全体を整理しましょう。課題文はNの悩みが中心になって話が展開するとはいえ、最後に「からだが何を志向しているかを姿勢からよみとるこの見方は、こうして私の基本的な思考方法になっていった」とあるとおり、Nとの出会いは筆者の基本的な思考方法を筆者自身が確認するきっかけになっています。

Nとのやりとりだけに焦点を合わせるなら、「からだが何を志向しているかを姿勢からよみとる方法がある」が筆者の言いたかったことになり、Nの悩みはその方法で解決された具体例になるでしょう。

しかし、そう読んでしまうと、Nは単なる事例のひとつになりかねません。それだけでなく、課題文をわざわざその方法があることを言いたかった文章と読むことは、ことさら自分の方法の正当性を主張する文面がないので、不可能です。「Nとの出会いは自分がものごとを理解する方法を確認しながら活動していった筆者の――Nにも筆者にも大切な――エピソードだった」と考えるほうが無理が少なく、これが筆者の書きたかったことだと受けとめることができます。この課題文で、その核心と筆者の書きたいこととのあいだにズレがある理由も、これではっきりします。

課題文全体の要約と設問への解答は、次の戦略的検討の文面を見ればすぐわかるので、設問の「なぜか」に「〜だからNはそれまでヒトの顔を見たことがなかったのである」と結論がくるように書けばよいということを念頭に、すぐ戦略的検討にはいります。

戦略的検討

課題文は筆者が女子学生Nから受けた相談を話題とする。Nは人に話しかけられると反射的にいい返事をし、なんでも引き受けてやってしまうが、そうする自分は自分じゃないと思いながら、それをやめられない。中学二年からのこの悩みを、筆者はNの姿勢をまねながら、Nは顔をお面のように空間にかけ、いつ誰が声をかけてもすぐ返事し相手を傷つけないようにいい顔を見せようと身構え、そう身構えた顔の後ろに自分の体を隠すようおいている、外界が怖く逃げたいので壁を作ってひきこもりたいが、相手を拒絶して怒らせるのも怖いので、にこやかな顔を前におき、胴体は顔の後ろに引いている、と説明する。

筆者はNが外界に身構え実質のない自分、つまり自分ならざる自分を顔に、傷つきやすい自分を胴体においたと解する。この理解を承《う》けるなら、人を受けとめる自分が顔から胴体に退避していたから、Nはそれまで人の顔を見たことがなかったのだと考えられる。

この戦略的検討は、はじめから答案例にするつもりで書いたので、ピント合わせは省略しています。二〇×二〇字の原稿用紙で三九九字です。要約をつくるときには、「この理解を承けるなら」以降を「それでサングラスをかけるようアドバイスし、それを実行するとNは人の顔を見ることができるようになり、からだが何を志向しているかを姿勢からよみとる見方は、筆者の基本的な思考方法になった」とすれば済みます。

意外に長くなりましたが、これで初回の演習を終えることにします。

ティータイムⅢ〈本の読み方と論文の勉強〉

〈ステップ1〉はかなり長かったでしょう。なかには何度かにわけて読んだ人もいるかもしれません。しかし、論文の勉強をイロハから説明するとなると、やはりこれくらいの長さにはなってしまいます。しかもその内容をすべて一度に身につけることはできません。何度も練習をくり返しているうちに、少しずつその方法が自分のものになり、自分で考えて文章を書くおもしろさもわかってきます。

論文の勉強は勉強と考えない

論文の勉強にもやはり忍耐は必要なのです。それだけでなく、敢《あ》えて言うなら、論文の勉強は勉強でもなんでもない、勉強と思うほうがまちがいだと考えるほうが、かえって成果があがります。論文は知識を書くものではないので、自分がなにを知っているかよりも、自分や周囲の人がどう生きているかを知るほうが大切だからです。

そしてそう知っている状態から、論文の勉強がはじまります。もちろん、こう言ったからといって、知識が不要だということではまったくなく、自分と他の人の知り方も、人によってさまざまですが、最初の演習にでてきた女子学生Nを例に、論文の勉強にそなわるこの特質を確認しましょう。

Nを例に

Nは、ひとに話しかけられてパッといい返事をしてしまったあとで、いつも「あれは私じゃないんだ！」と思うのでした。このことばから、自分がどんな人間なのか、どんな生き方や行動の仕方をしたいのかについて、Nは強い感覚をもっていることがわかります。しかし、「じゃないんだ」ということばが如実に示すように、Nは「自分はこうなのだ」と言えるほど、自分を知っているわけではありません。

もちろんそれは誰にでも言えることで、当然のことですが、Nの場合に見落としてならないのは、「あれは私じゃないんだ」とわかっているだけでは、なんの解決にもならなかったことです。友人に相談しても「アリ地獄」からぬけ出られなかった。それが十年ちかく続いた。それで筆者に相談したのでしょう。おそらく、演出家だった筆者には、大学で教えているとはいっても、他の大学教員と異質のものが感じられ、それで相談しようと思ったのかもしれません。

しかし、もしNが筆者のような人を見つけることができず、自力で悩みを解決しようとしたら、あれこれ本を読みあさることが、ひとつの方法になったでしょう。今ならネットで毎晩のようにヒントを探すのも一法ですが、ネットの件はここでは触れず、本に話を限定します。本を読みあさって悩みを解決しようとすることは、本をとおして筆者のような人に、広く言えば先達に、「あれは自分じゃないんだ」と思っている状態から抜けだす方法を訊ねることです。

そのようなときに問題となるのが、本の読み方です。適切に読まないと、本は害悪をあたえかねないからです。特に、切迫した感情にかられ、ただただ答えがほしくてやみくもに読んでいるときには、自分がほしいと思う答えだけを探し、著者の言うことをねじ曲げてまで、これが探していた答えだ、と思いこむようなことにもなりかねません。このような人は――意外に思うかもしれませんが――あんがい見かけられます。しかしそうなったのでは元も子もなしです。

ではどうすれば適切に本を読んだと言えるのでしょう。

大きくわけて、本の読み方にはふたつの読み方があります。第一の読み方、誰もがやっている読み方からお話しします。

第一の読み方

とても一般的に言うと、本は、最初のうちは、小説であれなんであれ、あまりあれこれ考えず、漫然と、興味にまかせて読むのが普通で、それが実はもっとも深いところでなにかを感じとっている読み方です。そんな風に読む習慣がつくことが、とても大切です。

しかし、習慣がつくとかつかないかとまで言わなくとも、実際問題として、たまたまある本を読みはじめておもしろかったら、普通はそのまま読みすすんでゆくでしょう。知りたいと思うことが書いてあれば、そのときもずんずん読んでゆくでしょう。わからないことが多くても、なぜかやめられずに最後まで読むこともあるでしょう。

こんな読み方をすると、読みおえたときに、なんとはない読後感が残るはずです。その読後感も、あれこれ詮索《せんさく》せず、ほっておいて次の本を読む。こんな風に読んでいると、しだいに読後感がたまってゆきます。世の中のこともだんだんにわかるようになります。

しかし、Nのように、自分の悩みを解決するために本を読みあさるとなると、いくら本を読んでも、本当にわかりたい疑問は、解決できません。これがまた普通です。Nも大学生ですから、情報誌などをふくめ、本はそれなりに読んできたでしょう。それでも自分の悩みを解決できないので筆者に相談し、最後に「ヒトが見える！」、と声を発するようになったわけです。

しかし、課題文から推測すると、Nは人の顔が見えるようになったことが嬉《うれ》しく、それに気が取られるあまり、自分の姿勢をまねしたときに筆者の考えていたことまで理解したようには見えません。やはりNはこのときあらためて自分の出発点に立ったと受けとめるほうが適切だと思われます。

事実、新たな出発点に立ったN、つまり「はじめて顔が見えます。わあ！」と言って大きく息をしたNの様子を見ていた筆者は、「ここ十年近くではじめて、他者にふれる条件を作り出せたわけであった」と説明します。

この「他者」は単なる「他の人」という意味ではありません。日常の次元では、自分がこれまでに接したこともない人、なにを考えどんな行動をするかわからない人のことです。人であることはわかるが、自分との関係がまったく不明な人のことです。内気な人や心配性の人なら、どんな対応をされるかわからないため、声をかけることもはばかられる人です。

「顔が見える」ことは、その「他者にふれる条件」だったのです。

そんな人たちとまともなコミュニケーションが取れるようになるまで、Nはいろいろと試行錯誤をかさねなければならなかったでしょう。顔が見えるようになったことで、今度は相手がどんな人なのか、なにを考えているのかなどを、相手の言動から見ぬかなければならなくなったからです。人の違いにおうじて距離の取り方も変えなければならなくなっていたでしょう。

第二の読み方

Nは、それまで反射的にいい返事をしていたので、こんなことはあまり考えていなかったかもしれません。それならなおさら、新たに人に接するたびに、迷いながら考え、それをことばで確認してゆかなければならなかったでしょう。これは推測にかたくありません。第二の読み方はそのようなときの努力とかさなるものです。この読み方はそうした確認を、文章を相手に、そして自分でも文章を書きながら、確認するものだからです。

実際に第二の読み方をやりはじめると、この読み方にはそれ以上の威力があることがわかります。課題文は、一般の人がふだん内心で考えてはいても、明確なことばにしていないことや、考えてもいなかったことを文章にしています。そのため、ふだん自覚していなかった思考と感情の動きや、それまで知らなかった現実を、少しずつ、しかしはっきり自分のことばで確認し、自分のなかに取りいれることができるようになります。

そのように取りいれることは、もちろん、初めてのとき、私の生徒諸君がことごとく失敗したように、うまくゆきません。いろいろな体験をかさねることが欠かせないことも、言うまでもないことです。しかし、この読み方をすることもまた、体験です。体験はかさねれば身についてきます。一週間のあいだ毎日少しずつ考えたA君がうまく書けたように、この読み方は練習でかなり自分のものになります。

論文の勉強

この第二の読み方は、そうして新たな体験をかさね、その成果を自分の心に受けいれるプロセスを、みずから作ってゆく営みなのです。本書で論文の勉強といっているものは、この一連の営みの反復です。

第一の読み方が読後感を蓄積するものであるなら、論文の勉強は第二の読み方を読後感に適用して、自分の心がとらえていたことを明らかにする営みとも言えます。ですから、この営みをつづけていると、それまで蓄積した読後感を要領よく、他の人にわかる説明ができるようにもなります。しかもこの方法は昔からあった方法です。

ところが、この第二の読み方を教えている学校が実質的にほとんどないため、ほとんどの人は高校を卒業するまで、この方法があることも知らずにすごすようです。第二の読み方を身につけることがあんがい厄介になっているのは、そのためでもあるでしょう。しかし、その基本は、〈ステップ1〉で明らかになったように、いたって単純です。必要なことは練習です。次の〈ステップ2〉では、もう一度その単純な方法をおさらいしてから、練習に入ります。私の生徒たちだけでなく、みなさんもぜひやってみてください。

ステップ2

設問の核心に迫る方法

——藤木久志著『戦国の作法』の「はしがき」から

今度は生徒諸君が授業でどんなことを勉強しているかを手短にお話することから話をはじめましょう。

授業のアウトライン

私の授業は課題文が英文の論文試験（俗に英語論文試験）むけなので、イギリスの歴史家E・H・カーの『歴史とはなにか』（*What Is History?*）の原典を少しずつ読みながら、考えるべき箇所に設問を設定し、それを第一の系列の演習にしています。第二の系列は大小さまざまな日本語の文章を題材にした演習で、あわせて演習が毎週になるわけです。本書では後者の日本語の文章を題材にした演習を利用しています。

第一系列の演習にもちいる『歴史とはなにか』は、歴史の専門家が、一般の人々に、歴史がなんであり、歴史はどう書かれるべきか、を説明したものです。今度の演習にも関係があるので、ここで最初の二〇ページほどの内容をかいつまんでお話ししましょう。

日本では、一般に、歴史の叙述は史実にそくした正確なものでなければならないし、主観的であってはならない、と考えられています。こうした理解はイギリスでも変わりがないようです。

しかし、歴史叙述の問題をこのようにとらえたままでいると、理解として不充分な点がでてきます。それは、史実は疑いないが、解釈のほうは人によって異なり、疑わしいことが少なくない、と考えてしまうことです。たとえば明治維新が一八六八年におこったことを疑う人はいないでしょうから、この理解はそれなりに真実ですが、実際には、史実をこのようにとらえて終わったのでは、不充分な理解になります。

著者のカーが最初の二〇ページほどでとり組んだのは、この不充分さです。その主旨を要約しましょう。――歴史家が歴史を書くときには、膨大な事実を確定し、次いでその事実を取捨選択しなければならないから、その作業以前に確定した史実があるわけではない。これまで確実だと思われていた史実にも、価値判断がともなっているから、事実の取捨選択のときには、史実にむすびつけられている判断も検討しなければならない。当然、検討する自分の価値判断も検討する必要があり、それができなければ歴史家とは呼べない――。

以上の考察をふまえ、著者は「事実という堅い核」と「議論の余地ある解釈というまわりの果肉」という信念はとんでもないまちがいで、「歴史家は否応《いやおう》なく選択的である」と述べます。カーはこの一言でそれまでの議論をまとめているのです

授業の核心的内容

こうした議論をカーは歴史家としてやっているわけですが、その「選択的」は実は誰《だれ》にでも当てはまります。誰でも、話をするときには、話す価値があると思っていることを選んで話しているからです。歴史家だから、歴史家として語っているだけで、言いたいことが「選択的」という点にあるとなれば、カーはことばの振る舞いを、歴史を材料に説明していることになります。

自分の価値判断を検討するという点もまた、誰でも自分のやっていることに気づくことが大切で、自分がなにをやっているかを自覚しながらやることが必要だという、一般に誰にでも当てはまる注意点になります。これはなかなか守れない注意点ですが、だからといってそれを無視して生活することもできません。それが演習をする理由でもあるわけです。

そして以上の二点が授業の核心になっています。

前者の「ことばの振る舞い」にかかわる説明は、生徒たちが自分のことばづかいの急所に気づくのに、恰好《かっこう》の材料になっています。嘘《うそ》だと思うなら、無意味なことを十分話しつづけられるかどうか、自分で試してごらん、と言うと、みんな納得した顔つきになります。後者の「自覚」もまた、書きながら考えると、はっと気づくことの連続なので、とてもその大切さを痛感するようです。

それだけでなく、カーが切りすてた側面に着目すると、別の考える筋道、それもカーの主張を反駁《はんばく》する筋道をくむことも可能なので、生徒諸君が多面的なものの見方を身につけるのに、とても役立ちます。

さらに、ものごとを組織的に考えられるようになるには、この『歴史とはなにか』のように、欧米人の基本的な考え方や語彙《ごい》のふくまれる英文を読むことが不可欠だという点も、強調しておく必要があるでしょう。その必要性は幕末から現在までなんら変わっていません。

特に、初期の段階では、語彙の点でその必要性が高いと言えるでしょう。欧米語からの翻訳語が、今ではかなり日本語の日常語彙のなかにはいっています。生徒たちも何気なく使っています。そうしたことばが実は翻訳語で、自分が意味をよく知らないまま使っていると生徒たちが気づくためには、『歴史とはなにか』などの原典を利用した演習が必須《ひっす》の練習になっています。

しかしそれだけでは、生徒たちが自分の生活している世界をとらえ、その理解を深めるためには、足りないものがでてきます。それで日本語の文章、それも生徒たちが頭を動かしはじめるとき、内容がその動きにからむ文章を選んで、演習をしているのです。

実は、その演習をするようになったのは、ここ数年のことです。生徒諸君が「論文は対話である」を実行し、最初から最後まで一本筋のとおった文章を書けるようになることを主眼としたとき、大学の出題はあまり参考にならず、それにつき合う必要がほとんど感じられなくなってきたので、英文として読むものは『歴史とはなにか』の原典に固定し、もうひとつの系列として、日本語の文章を題材にする演習を導入したというわけです。

一学期の生徒たち

では、そうした演習を毎週やりながら生徒諸君がどうなっていったか、今度はそれをお話ししましょう。

一学期のあいだはなかなか思うように書けない人がほとんどです。初回の演習で、書きなおしとはいえ、よく書けたA君もその例にもれません。主題が変わると、課題文や設問とにらめっこするだけになったりで、苦労の連続です。毎週書いているとはいっても、どの生徒の場合にも、上達とか進歩と言えそうな状態には、なかなかなりません。

少し光明が見えてきたと思えるようになったのは、今年（二〇一〇年）の場合、一学期も最後の頃《ころ》です。その頃になって、一応のところ課題文を理解し、その理解から設問にそくした考えを、最初から最後まで一直線に展開できた答案がちらほら出てくるようになっています。

しかしほとんどの生徒はそこまでゆきません。特に、まじめで学科の勉強をしっかりやってきた生徒ほど、学科で学んだことと自分の頭で考えることを統合できず、双方がちぐはぐにつながった文章を書いてしまいます。

それは無理もありません。学校で勉強する知識は、生活のなかで体験しながら身につけてきた知識や理解とはあまり関係のないところで、生徒たちの頭にはいっています。双方の知識と理解が統合されないままになっているのです。しかも、高校三年生にもなると、その知識がかなり膨大な量になっています。その状態であらためて自分の知識と理解を総ざらいするような演習をするわけですから、その苦労は推して知るべしです。

知識を理解に変える苦労

極端な比喩《ひゆ》をもちいるなら、演習は錆《さ》びついた機械を動かそうとするようなものです。この場合の錆とは、頭でおぼえただけの知識です。どの知識も現実としっかり結びついていないと、つまり「そうだ、エコだ、エコって言ってたやつだよ」と言えるようでないと、思わぬところで考える筋道をゆがめてしまいます。

ひとりの生徒が一回の演習で、考える筋がちがった、と気づくことは何度もあります。うまく考えられない箇所を私に質問しているうちに気づくこともあります。ときには私のほうからおかしい点を指摘することもあります。筆者の考えを自分の考えとして書いている箇所を指摘することもあります。生徒諸君は、そのたびに知識として頭にいれたことを、自分の理解に変えるために、ひとふんばり、頭と心を働かせなければならないわけです。

日本語の文章をもちいるとき、主題はいろいろです。英文に「解釈」ということばが出てきたら、解釈の方法が聖書の理解にからんで発展しているので、新約聖書から、解釈の違いが大きな問題になっている箇所を選んで、具体的になにが違っているのか、なにがまずいのかを検討してもらいます。「主観的」ということばが出てきたら、少し詳しい辞典で意味を確認してもらって、自分の使っている「主観的」が「個人的に偏りのある」という、単にその意味のひとつでしかないことをはっきり認識してもらいます。

こうした演習では、カーの原典の翻訳書でも、百科事典でも辞書でも、なにをもちいてもかまわない、と伝えてあります。設問はテキストのなかで考えるべき点に的をしぼり、自力で考えなければ書けないことを問うからです。

生徒たちからすれば、日本史や世界史や倫理で学んだはずのことがちっとも役立たないのは、やり切れないかもしれません。それでもやめないのは、なにか大切なことをやっているという感覚があるからなのでしょう。次に掲げる二回目の演習も、その大切なことにからんでいます。みなさんもやってみてください。

課題文Ⅱ　藤木久志著『戦国の作法』の「はしがき」から

かつて郷里の新潟には、電灯もなく馬車も通わず、雪に埋もれる半年ほどのあいだは、三日に一度の新聞さえも途絶えてしまうような、深い山あいの村が珍しくはなかったように思う。

ふり仰ぐ空も狭いそうした山村の一つで、夜念仏の触れや夏の日のかんの刈り（焼き畑の一種）を手伝い、山の秋の実採りや春きざす朝の凍《し》み渡りに熱中する、少年時代を過ごしたわたくしにとって、世の中をかいまみる折といえば、世間に奉公に出ていたわかものがとつぜん帰ってきては兵隊に行ってしまうのを見送ったときくらいのものであったろうか。村の出来事のおおかたは、淡々とときに隠微に、村の力だけで始末がつけられていたのである。

村に暮らしたといっても、村の成員として村仕事や常会やお籠《こも》りにも出たわけではないから、ほんとうの村のことは何一つ知らないのに、村を出て中世の歴史に関心をもつようになったとき、「近所の儀」とか「方角の儀」というような、土着の領主や村々のあいだの課題解決の仕組みに心ひかれたり、権力と村のかかわりを頑固に「在地不掌握」といってみたり、村のかちとった「地下請《じげうけ》」の下での共同体規制のきびしさに目を向けたりしたのは（小著『戦国社会史論』一九七四）、遠い日の山村のありようへの追憶からであったかも知れない。

中世の村はひたすら明るかったとか、戦国大名は村の中の農民一人ひとりまでもつかみ切った、といいたげな論調のどちらにも、わたくしの中の村の情念は納得できなかったのである。

（藤木久志著『戦国の作法』一九九八年、平凡社。二〇〇八年、講談社学術文庫より）

設問　中世の村はひたすら明るかったとか、戦国大名は村の中の農民一人ひとりまでもつかみ切った、といいたげな論調のどちらにも、筆者の中の村の情念が納得できなかったのはなぜか。この疑問に六〇〇〜一〇〇〇字で答えなさい。

注　近所の儀「地域の作法、慣習」。方角の儀「戦国時代に中国・北九州などで多くみられた地域的まとまり」。地下請「中世、農民たちの共同責任において、荘園《しょうえん》の年貢や公事《くじ》納入を請け負う制度」。情念「心の働きと思い。強くとらわれて離れない愛憎の感情。簡単にいえば気持ち」。

生徒諸君がこの課題文にとりくんだのは、二学期になってからです。授業でもちいている英文教材である『歴史とはなにか』は、史実がなんなのかをとらえなおしたように、ものごとを考えてゆくとき、よくはまってしまう落とし穴を明らかにしてくれるので、生徒諸君にも参考になることが数多く記されています。

しかも、学者が一般読者むけに書いた本なので、一般的な叙述を説明するために、具体例もよく取りいれられています。しかし最初の二〇ページは考え方の歪《ゆが》みをただすことに重点があるため、抽象的な叙述も多く、歴史家が実際に歴史書を書く現場を、手にとるようにわかるところまで説明してくれているわけではありません。

これは欧米の学者の文章の特質でもあるので、慣れなければならない点ですが、文章を読むときには、著者であれ、書かれている対象であれ、人が見えてこなければ、本当はなにごともはじまりません。人が見えて初めて、現実のなかで、的確に考えることができるようになります。

それで、夏休みに、エリートの道を捨て底辺生活者として前半生をすごした歴史家である色川大吉の『歴史の方法』で、何度か演習をすることにしました。夏休みは受験生が学科の力をかためる時期なので、全員が参加できたわけではありませんが、『歴史の方法』は著者が自分自身を俎板《まないた》にのせ、自分がみずから歴史書を執筆したときの舞台裏を説明してくれているので、この本からはとても得るものが多かったようです。

特に、ひとりの人間が歴史家になってゆく過程がわかったことは、大きな収穫だったようです。人が見えなければなにごともはじまらないということを、生身の人間をとおして知ることができたからです。これで自分の生活世界のなかで頭を動かす生徒諸君も、かなり課題文の内容を咀嚼《そしゃく》することができるようになったように感じられます。今回の文章は、どんな成果を見せてくれるのか、期待なかば、不安なかばで、提示した課題文です。

(1)検討方法のおさらい

それでは、〈ステップ1〉の最後で述べたように、まず設問に答えるまでをおさらいすることにしましょう。これはもちろん論文を一本しあげるまでのプロセスで、最初は予備的検討ですが、その前に、絶対に忘れてならないことを二点、あらかじめ注意事項としてかかげておきます。もう述べてあることですが、何度くりかえしても足りないほど大切な点ですから、ゴシック文字にして記します。

(A)課題文を最初からすなおに読んでいき、わからない箇所があったら考え、内容を手短にまとめながら、考えた結果とともども書く。
(B)課題文からはなれ、自分の頭だけで考えることはしない。

(A)を実際の作業のプロセスにあわせて箇条書きにすると「論文を一本仕上げるまでのプロ

セス」（四五ページ）になるのでした。(B)はその裏面です。だから注意事項は結局ひとつだけです。それをふたつにわけたのは、あまりにも(B)をやってしまう人が多いからです。ですからこの二点はくれぐれも守ってください。習慣になるほどに身につけるようにしてください。双方が意図することは、**課題文をしっかり読めば、おのずから自分の書くことが生まれてくる**、ということです。ただその一点です。

つまり、おしゃべりなら、(A)は、なに聞いてたんだよ／なに聞いてたのよ！、と言われないように、相手にむきあうことです。(B)は人の言うことを上の空で聞き、あらぬことを考えることです。人とことばを交わせるよう、しっかりこの二点を自分のものにしましょう。

予備的検討❶〜❸

では予備的検討に移ります。この作業は三部分からなり、最初はひととおり全体を読んで、どんな文章なのか、だいたいの見当をつけ、次にその大まかな構成をとらえ、最後に設問の文面を検討することでした。箇条書きにしたものをもう一度かかげます。

❶課題文のジャンルを確定ないし推定する。

❷課題文の大まかな構成をとらえる。
❸設問の文面を検討する。

この順番どおりに、課題文のジャンル確定ないし推定からはじめましょう。

❶ 課題文は日本の歴史家が著した『戦国の作法』の最初にある「はしがき」から取られています。しかし、それを知らないで読むと、あるいはそう知っていても、新聞に掲載されるコラムやエッセイのような印象をあたえます。意味のわからないことばが一部に入っていますが、それでもこの文章は読みやすい。一般読者によく配慮した文章と言えるでしょう。内容をながめてみると、「はしがき」の一部と受けとめても、コラムやエッセイと受けとめても、どちらでもかまわないようです。

❷ 課題文全体の大まかな内容は、段落にそって見てゆけば見当がつきます。第一段落は筆者の郷里の新潟には雪に埋もれる半年は新聞もとだえるような深い山あいの村があったこと、第二段落は筆者がそんな村で少年時代をすごしたこと、第三段落は村の本当のことはなにも知らなかったのに、筆者が中世の歴史を研究するようになったとき、少年時代の経験が反映するような点に着目したこと、最終段落はその中世にかんする一部の論調に、筆者の気

持ちが納得できなかったことです。

もっと単純化すると、課題文の主旨は、**雪に埋もれる半年は新聞もとだえるような新潟の深い山あいの村でそだった筆者が歴史研究の道に入ったとき、その研究には少年時代の経験が反映していたようで、そのためかどうか筆者は一部の論調に納得できなかった**、と整理できます。そしてそれが筆者の言いたいことだろう、と見当づけることができます。この課題文ではピント合わせに苦労する必要がありません。

❸ 設問はその「納得できなかった」ことに焦点を合わせていることがわかります。「筆者の中の村の情念が納得できなかったのはなぜか」とあるからです。これでこの設問も課題文の核心にからんで設定されていることがわかります。

本格的検討と戦略的検討❹

これでだいたいの見当がついたので、今度は内容を本格的に検討する番です。いちばん大切なことは課題文で筆者の言いたいことをとらえることですが、そのためには(A)を実行すればよく、それを実際の作業の性質に合わせると「一覧」の❹になっていました。四五ページから少し内容をおぎない、三点に分けてかかげます。

01 語義を文脈のなかでとらえ、個々の語句の相関関係を考慮しながら、課題文の内容を手短にまとめる。
02 わからない箇所で考え、また課題文に「なぜ」と疑問を発しながら、内容を読みとく。
03 筆者が課題文で言いたいことをとらえる。

この本格的検討を略式にすると戦略的検討になるのでした。戦略的検討でこの01と02を実行するときにも、設問の核心に着目し、課題文からその核心（「筆者の中の村の情念が納得できなかった」）にからむ箇所を引きだして、なぜ納得できなかったのかを考えるように使えばよいのです。どちらの検討方法をもちいても結果は同じになります。しかし、制限時間内に答案を書く方法として、戦略的検討はとても有用です。

戦略的方法の適用例

今回の課題文でこの方法を確認するために、「設問の核心」である「筆者の中の村の情念」を説明してくれる箇所を洗いざらい引きだすと、以下の五点になります。そのとき、意味のよくわからない「近所の儀」などは捨てています。「筆者の中の村の情念」に関係しないと見られるからです。

①筆者の郷里には、電灯もなく馬車もかよわない深い山あいの村がめずらしくなかった。
②筆者はそうした山村で少年時代をすごした。
③筆者が世の中をかいまみたのは、奉公にでていた若者が徴兵されるときくらいだった。
④筆者はほんとうの村のことは何ひとつ知らないと言う。
⑤筆者はそれでも歴史研究者になって、村の共同体規制のきびしさに目をむけたりした。

答案の作成❺

この五点と設問の核心との関連を考えれば、もう答案はできたも同然です。本格的検討でも戦略的検討でも、あとは「一覧」の最後の❺答案作成をやればよいからです。本格的な検討はひと休みしてからにしましょう。

ティータイムⅣ〈設問の在り方〉

演習も二本目になって、文章の基本と課題文の説明もかなり進んだので、今度は設問についてお話しすることにしましょう。

論文試験は基本的なところから理解する力や考える力を問う試験ですから、論文試験はこうでなければならないとか、設問はこうでなければならないなどと、はじめから決まっていることはなにもありませんし、あってもいけません。ですからこの問題についても、とてもあたりまえで基本的なことから考えてゆきます。

基本から考えると

大学から出題される課題文と設問は実に多種多様ですが、論文試験もコミュニケーションのひとつであることには変わりがありません。簡単に言えば、ことばのやりとりです。世の中にはことばをやりとりしているように見えながら、実際にはちっともやりとりになっていない場合が少なくありませんが、本当にことばをやりとりしようとするかぎり、守るべき最低限のことがあります。

それは相手とむきあうことです。むきあって応答することです。この点はもう充分におわかりでしょう。おしゃべりならその相手は実際におしゃべりしている相手ですが、論文試験の場合、第一に相手となるのは課題文の筆者で、第二の相手は設問の提示者です。これもまたもうおわかりでしょう。「論文は対話である」は実際には双方との応答を意味し、この双方との応答が論文試験の基本的な性格になります。基礎であると言ってもおかしくはありません。

もっとも単純な設問

筆者との応答を前面にだすなら、設問の提示者はできるだけ自分をかくす必要があります。その場合、設問の文面は「次の文章を読んで、考えるところを述べなさい」になります。そしてこれが論文試験のもっとも単純な設問になります。

この設問は筆者と対話しなさいと言っているようなものですから、設問はこれで充分に用が足りるはずです。ところが実際には、このもっとも単純な設問が、もっともむずかしい設問になってしまいます。

理由は受験する側に立てばすぐわかるでしょう。設問がこんな文面になっていると、その文面をながめているだけでは、なにを書いてよいのか見当がつきません。自分が考えたことなら、なにを書いてもよいように見えます。数ページの課題文にはいろいろなことが書いてあるので、そのどれを取りあげて考えてよいようにさえ見えます。実際、設問がこの文面に近いとき、なにを書くべきかに迷う受験生が多いようです。

しっかり訓練を受けないまま論文試験をうける人が少なくないので、それも無理はありませんが、この試験の基本的性格を知っていれば、迷う理由がなくなります。もうおわかりのように、課題文をしっかり読んで、筆者の言いたいことをきちんととらえれば、書くことはおのずから決まってくるからです。要するに筆者との対話が成りたてばよいのです。

答案として書くべきこと

筆者との対話をここで仮想してみましょう。たとえば「なるほど私の言ったことはそういう意味にもなるか」とか、「そうか君はそう考えるのか」などと筆者が言うような文章を書ければよいのです。

しかし、文章の基本を説明されたばかりの人がこうした対話をするのは、実際問題としてかなりむずかしい。それで本書では「論文は対話である」を原則に、まず課題文の核心に焦点をあて、次に考える手がかりを設問の文面にこめるようにしているわけです。ところが大学の出題する問題の設問は必ずしもそうではなく、工夫がこらされています。

どうしてなのでしょう。これはどうしても検討する価値がありますが、三回目の演習のときに実際に検討することにします。設問の文面は課題文の内容との関連で検討しなければならないからです。

(2)課題文の本格的検討

それでは課題文に本格的検討を適用しましょう。まずその方法をおさらいしたときに予備的検討で確認したことを手短にふりかえっておきます。

予備的検討の整理

この課題文は『戦国の作法』という本の「はしがき」から抜粋されたものでしたが、内容から見てコラムやエッセイと受けとめてもよいと考えられました。その主旨は「**雪に埋もれる半年は新聞もとだえるような新潟の深い山あいの村で育った筆者が歴史研究の道に入ったとき、その研究には少年時代の経験が反映していたようで、そのためかどうか筆者は一部の論調に納得できなかった**」と整理できました。最後の「一部の論調に納得できなかった」に課題文で筆者の言いたいことがあると見てまちがいなく、設問はその「納得できなかった」点に焦点を合わせていました。

以上が予備的検討から明らかになった内容です。

今度は「語義を文脈のなかでとらえ、個々の語句の相関関係を考慮しながら、課題文を頭からすなおに読み、わからない箇所で考え、考えた結果ともども書く」という注意事項(A)にそくして、課題文を読みとく作業に入りましょう。その結果を整理すると「戦略的検討」を確認したときに挙げた①〜⑤（九六ページ）の五点が浮かびあがってきます。それでふたつの検討方法の関連も確認することができます。課題文の戦略的検討は次節でおこない、最後に生徒諸君がどんな答案を書いたかを紹介します。

第一段落の検討

第一段落には筆者の郷里である新潟のことが記されています。それも、電灯もなく馬車も通わず、雪に埋もれる半年ほどのあいだは、三日に一度の新聞さえ途絶えてしまうような、深い山あいの村のことです。この段落はそういう村が「珍しくはなかったように思う」で終わっています。

書かれてあることはすべて現実のことです。「三日に一度の新聞さえも途絶えてしまう」ことは、現在の都市生活に慣れている人には信じがたいことかもしれません。それでも、以前はそういう辺鄙《へんぴ》な村もあったのだろうな、と考えれば、すんなり理解できる内容です。

では、そんな辺鄙な村は新潟にしかなかったのでしょうか。

おそらくそうではないでしょう。山岳地帯によって続いている隣県の福島や山形や長野にも、そうした村はあったと想定するほうが筋がとおっています。とすれば、この第一段落の中心になっている要素は「深い山あいの村」であると考えることができます。この表現にすでに「辺鄙な」の意味はこめられていると考えてよいでしょう。

このように、内容が平易ですんなり理解できる文章の場合には、自分のほうから疑問を発することが、文章の内容をより的確にとらえるために必要です。

後の作業のため、段落全体の内容を「**筆者の郷里新潟には雪に埋もれる半年は新聞もとだえるような深い山あいの村が珍しくなかったようだ**」と手短にまとめておきます。このなかの「雪に……とだえるような」は「電灯もなく馬車もかよわない」で入れ換えても、文意に違いはないでしょう。辺鄙だった状況を説明している点で甲乙つけがたいからです。このように段落ごとに内容をまとめ、最後に課題文全体の内容を整理するのが手順です。

第二段落の検討

では第二段落の検討にうつりましょう。この段落からよくわからない語句が幾つか出てきます。「夜念仏《よねんぶつ》」は、辞書によると、「よねぶつ」とも読み、「夜に念仏をとなえること」ないし「夜にアミダの名を唱えること」とあります。そうした念仏を村人が集まってすることを告げるのが「夜念仏の触れ」だったのでしょう。次段落にある「お籠《こも》り（神仏に祈願するため、社寺などに宿泊すること）」と重ねあわせて考えると、これは村の人々がかなり古くから守ってきた風習なのだろうと推測することができます。ところが、「かんの刈り」となると、筆者の説明があっても、具体的なイメージが沸いてきません。なぜそう言うのかもわかりません。

しかしよくわからない語句があっても、「ふり仰ぐ空も狭いそうした山村の一つで……少年時代を過ごしたわたくしにとって」から、筆者がまえに確認した「深い山あいの村」のひとつで少年時代をすごしたことが読みとれます。これで第一段落と第二段落との関連もつかめましたが、ではその少年時代は時代的にいつの頃だったのでしょう。

現実のなかに位置づけるために

この疑問もまた文章の内容をより的確にとらえる工夫のひとつですが、こうした工夫は結局「いつ」「どこで」「だれが」「なにを」「どのように」を明らかにし、課題文の内容を現実のなかに位置づける作業の一部なのです。

そう心得てこの疑問にたいする答えをもとめるなら、それは直後の「世の中をかいまみる折といえば、世間に奉公に出ていたわかものがとつぜん帰ってきては兵隊に行ってしまうのを見送ったときくらいのものであったろうか」から見当がついてきます。「わかものがとつぜん帰ってきては兵隊に行ってしまう」のは戦前だったでしょう。筆者は戦前にそんな山村で少年時代をすごしたと推定できます。

それに続く「……見送ったときくらいのものであったろうか」は、疑問を示す「か」で終わっています。この「か」は、思い出すとそれくらいしか浮かばないというニュアンスを伝えており、「世の中をかいまみる折」がそれほどに少なかった印象をあたえます。

しかも、第一段落の最後でそういう村が「珍しくはなかったように思う」と記していたということは、そう記すことで——それも「思う」と確定的な表現を避けることで——筆者がのちに歴史研究者になったとはいっても、筆者は自分が戦前の日本に数多く存在していたであろう寒村出身の多数の民衆のひとりにすぎず、別にエリートなどではなかったことを言外に示唆していたと思われます。

なんとも周到にくまれた文章です。そう気づいてから、筆者が山村で少年時代をすごした時期を導きだした「世の中をかいまみる折といえば」にはじまる文をふりかえると、この文には他にも注意しなければならないことが記されていることがわかります。

第一は「世間に奉公に出ていたわかものが……帰ってきては」です。この表現は世間と筆者の村との距離がかなりあったことを示唆します。奉公先が自分の村や近在の村なら、奉公先の家や村の名をあげるのが普通でしょう。筆者が少年時代をすごした村は「世間に奉公に出ていた」と言わざるをえないほど、人口が多くて交通の便利な平野部から隔離されたような、辺鄙なところだったと推測されます。

第二は「世の中をかいまみる折といえば」で、こう記したところから見て、筆者は自分の村を世の中の一部とは受けとめていなかったことがわかります。「世間」も「世の中」も村の外の世界だったのです。この記述は、そう判断してよいほどに、平野部とのあいだの距離が、心理的にも非常に大きかったことを伝えています。

緊密でさりげない文章

ただ、次の「村の出来事のおおかたは、淡々とときに隠微に、村の力だけで始末がつけられていたのである」との関連でこの部分を読むと、別の含みが見えてきます。筆者が、当時の自分は本当に子どもで、大人が村の秩序を維持する活動はわかっていなかった、と断っていると読めるからです。

当時の筆者の子どもらしさは「……に熱中する、少年時代を過ごした」にすでに読みとれます。しかしそれは遊びからわかる子どもらしさです。この文からわかるのは村内の秩序維持とのかかわりでも筆者が子どもだったということです。「淡々と」は「いつもの出来事のように処理し、筆者のような未成年たちには重要性を気づかれないように」といったほどの意味でしょう。「隠微に」も「子どもがいつもと違うことが起きているとはわかっても、本当のことはわからないように」というつもりでしょう。筆者が「村の出来事のおおかたは……村の力だけで始末がつけられていたのである」と知るようになったのは大人になってからだったのです。

こうして読み解いていくと、どの語句も、どの言い方も、さりげないのですが、そのそれぞれが緊密に組みあわせられており、課題文がよく練られた文章であることがわかります。

それなら、ついでにもうひとつ課題文に疑問を発してみましょう。つまり、では「村の力だけで始末がつけられていた」のはいつの頃からだったのか、と問いかけてみましょう。

そう疑問を発したとき、「村の力だけで」がなんとも示唆的であることに気づきます。徴兵はたしかに政府の命じるものですが、「村の出来事のおおかた」に政府の力はまったくおよんでいなかった、と読めるからです。昭和の時代におよんでいないなら、明治の時代にはなおさらおよんでいなかっただろうと考えられます。

そうすると、前に触れた「夜念仏の触れ」と「お籠り」も、明治以前からあったのではないかとさえ考えられてきます。筆者はこの村の人たちがどの宗派に属するかについてまったく触れていませんが、近畿・北陸・東海地方で一向一揆《いっこういっき》のおこった時代が、室町時代から戦国時代にかけてだったことを想《おも》いおこすとき、この風習は江戸時代以前にまでさかのぼるのではないかという推測まで立ってきます。

もちろん確定的なことは筆者のような研究者の努力にまたなければなりませんが、この村のしきたりや風習がかなり古くからあっただろうと推測することは可能だと思われます。

こうして検討してみると、この第二段落では、わずか数行のなかに非常に多くの内容がこめられていたことがわかります。それでも、この段落の内容をまとめることは、そんなに手間どりません。**「筆者は戦前にそんな山あいの村で少年時代を過ごしたが、村の出来事のお**

おかたは村の力だけで始末がつけられ、筆者がその実態を知ることはなかった」とまとめられるからです。推測をふくめて導きだせたさまざまな点は、最後に答案を書くとき、必要におうじて利用することにしましょう。

第三段落の検討

第三段落は以上の内容を基礎に展開されます。第二段落との関連でまず目につくのは「ほんとうの村のことは何一つ知らないのに」です。少年時代の筆者は大人が村の秩序を維持する活動を知らなかったと読めたのですから、わざわざ「村のことは何一つ知らない」と言う必要はないはずです。「村の成員として村仕事や常会やお籠りにも出たわけではないから」という断りは不要なほどです。

それならこの断りは駄目押しになりますが、そう受けとめるよりも、この書き方には、最初は示唆的に、次いで明確にという、読者にたいする筆者の配慮を読みとるべきでしょう。

そう読みとったうえで、今度はあらためて、「村のことは何一つ知らない」という筆者の断りを、文字通りに受けとめる必要があることもまた、やはり指摘しておかなければなりません。村の成員として「常会（定期的な会合）」や「お籠り」に参加することと、少年としてそんな行事を外からながめているだけとでは、実態の把握に大きな違いがあらわれてくるからです。しかも、そう指摘するだけで終わったのでは、少年が現実をとらえる力を過小評価することになることも指摘しておく必要があります。ここは厄介なところです。

子どもは、わからないなりに、かなりのことをわかっています。この点を考慮に入れなければ、筆者が「村を出て中世の歴史に関心をもつようになったとき」、「土着の領主や村々のあいだの課題解決の仕組みに心ひかれ」ることも、「共同体規制のきびしさに目を向け」ることも、なかったかもしれません。「課題解決の仕組み」は筆者が後に知った「村の力だけで始末がつけられていた」事態に対応していると読めます。

少年時代の体験と歴史研究

筆者は、自分が少年時代を深い山あいの村ですごし、そこでの体験があったから、後年、村に伝えられていた風習を想いおこさせる戦国時代を研究する歴史家になった、とは言いません。実際、都会育ちの人でも戦国時代を研究する歴史家になることは可能です。そしてそうなってから、あらためて「土着の領主や村々のあいだの課題解決の仕組みに心ひかれ」ることも、「共同体規制のきびしさに目を向け」ることもありえるでしょう。

少年時代の体験と歴史研究とのあいだに、原因と結果の関係をみとめることはできないのです。この点をだれよりも鋭く意識しているのは筆者自身でしょう。だからこそ筆者は「遠い日の山村のありようへの追憶からであったかも知れない」と記すにとどめているのだと推測されます。「追憶から」や「かも知れない」は、この課題文の随処に見られる婉曲《えんきょく》な言いまわしのひとつです。

こうした言いまわしを多用するこの課題文でおもしろいことは、ここまでの検討が「近所の儀」や「方角の儀」の意味を知らないでも可能だったということです。「在地不掌握（権力は村（在地つまり田舎）を掌握していなかった）」も「地下請」も、内容を検討しないままにここまできています。

ここにも、いずれ本文で説明する内容だから、わからなくても先に読み進められるようにという、筆者の配慮があるだろうと推測されます。そのためかどうか、そうした点を検討しないで、わかるところだけを読んでいても、ついつい筆者が「土着の領主や村々のあいだの課題解決の仕組み」に目をむけた背景には、「村の力だけで始末がつけられていた」少年時代の体験があったのではないか、という想像が浮かんできます。

「権力と村のかかわりを頑固に『在地不掌握』といってみたり」という記述は、それだけでなく、筆者が少年時代をすごした在地（山村）から事態を見ており、筆者の目線が在地にあったことを示唆します。しかも筆者が「頑固に」そう言う根拠はどこにあったのかと考えると、また筆者の少年時代が念頭に浮かんできます。筆者の少年時代、村の共同体規制はとてもきびしかったのではないかと推測されるからです。

最終段落はこうした示唆を伏線として書かれていたと受けとめることができますが、第三段落の検討はこれで終わったので、その内容を整理しましょう。「**筆者は村の成員として活動していなかったので、本当の村のことはなにひとつ知らないと断る。しかし、筆者が村を出て中世の歴史に関心をもつようになったとき、土着の領主や村々のあいだの課題解決の仕組みにひかれたりした背景には、少年時代の経験があったかもしれない**」とします。

第四段落の検討

最終段落で導入される第一の要素は「中世の村はひたすら明るかった」と「戦国大名は村の中の農民一人ひとりまでもつかみ切った」と言いたげな論調です。第二の要素はそうした「論調のどちらにも、わたくしの中の村の情念は納得できなかったのである」です。第一の要素から検討しましょう。

日本の中世といえば鎌倉《かまくら》・室町時代になります。平安時代の荘園体制がしだいに衰え、領主の支配力が弱くなってくるにつれ、惣《そう》という農民の自治的な組織が発達してきたことは高校の教科書にも載っています。課題文にある地下請けはその惣が荘園の管理や年貢の徴収などを請け負うことです。惣が村の年貢をまとめて納めるわけですから、これはたしかに自治組織と言えるでしょう。

では、惣は自治組織だから、村民相互のあいだに平等の関係がなりたっていた、と言えるでしょうか。

笠松宏至《かさまつひろし》著『徳政令』には、摂政関白にもなったことのある九条政基《くじょうまさもと》が自分の荘園に長く滞在したとき、すさまじく厳しい村落社会の掟《おきて》をみたことが記されています。その掟が食うや食わずの人々の生活をがんじがらめに縛っていたことも記されています。ちょっと調べただけでも、「中世の村はひたすら明るかった」とは言えそうにありません。「戦国大名は村の中の農民一人ひとりまでもつかみ切った」にも同じことが言えるでしょう。

素人《しろうと》目にも、事実から調べていけば、どちらも不可能な理解だろうということは容易に想像がつきます。どちらも個々の村落の在り方をすべて刷毛《はけ》で塗りつぶしてしまうような表現です。前者にはかつてマルクス主義を信じ、古代や中世に平等な社会を夢想した人々の考えが反映しているでしょう。後者には資料のないところを想像力でおぎなう傾向がはたらいているとと読みとれます。

こうした意味をもつ第一の要素を記してから、「……、といいたげな」と確定的に記すことを避けながらも、筆者はそんな「論調のどちらにも、わたくしの中の村の情念は納得できなかったのである」と第二の要素を記します。

このことばからまず読みとれることは、筆者が理論を先行させるような歴史研究に批判的である、という点です。おそらく筆者は事実を丹念に調べていって、その膨大な事実から過去の実像が浮かびあがってくるまで待つタイプの研究者なのでしょう。

もうひとつ読みとれる点は、第一段落から説明されてきた筆者の生い立ちと、歴史家としての筆者との関係です。そしてこのほうが重要です。

ひとりの人間が歴史家になるまでの過程にはさまざまな要素が介入しており、少年時代までの経験があったから筆者が歴史研究の道に入ったということはできません。その経験は歴史家としての藤木久志を形成した要素のひとつにすぎないでしょう。この点はおそらくどの職業にも言えることだと思われます。それでも、第三段落まで随処にあった婉曲な言いまわしと対比すると、最後のワンセンテンスの「のである」という断定的な口調は、異様にひびきます。

その異様さは「情念は納得できなかった」にも明らかです。私的な感情を語ることを通常ひかえる学者が、課題文の最後に、内容をまとめる段になってもちだすのですから、どうしてもこのことばは目立ちます。

「情念」はもう稀《まれ》に目にするだけで、現在では「気持ち」や「感情」がもちいられるところでしょう。しかし「わたくしの中の村の情念」とあるのですから、その情念が少年時代までを山あいの村ですごした筆者のなかに生まれ、保たれてきた感情であることはまちがいありません。辞書には「情念」の用例が仏教説話の多い『沙石集《しゃせきしゅう》』（一二八三年）から選ばれているので、筆者は史料を読みこむ過程でこの語を身につけたのかもしれません。あるいはお籠りする大人から耳学問でおぼえた可能性もあります。

そう推測される「情念」をもとに「納得できなかった」と筆者は記す。「ほんとうの村のことは何一つ知らない」と記してはいても、その村で十数年も生活すれば、村の風習やしきたりは染みついたように筆者の心に残っていたと推測されます。もしかすると、風習やしきたりの「きびしさ」は、その心に深く刻まれていたかもしれません。空間が狭いほど人間関係が密になるので、そうした刻印は容易に消えないものだと思われます。「村の情念」は村人たちに共通する情念として、筆者に刻まれていただろうと推測することができます。

検討の結論

筆者はこのように推定できる少年時代をすごしてから、歴史研究の道にはいっています。その筆者が「中世の村はひたすら明るかった」といいたげな論調をもつ論文に接したとき、そんなことがありえるのだろうか、という気持ちを反射的にいだいたことは想像にかたくありません。

そしてまた、この課題文のなかで、「村の出来事のおおかたは、淡々とときに隠微に、村の力だけで始末がつけられていたのである」は、「戦国大名は村の中の農民一人ひとりまでもつかみ切った」といいたげな論調をはねえかす役割をはたしています。

少年時代の経験は歴史研究者としての筆者のなかに、判断基準のひとつとして定着しており、課題文全体が「わたくしの中の村の情念は納得できなかったのである」に収斂《しゅうれん》していることは、もうなんの疑いもありません。その核心は「情念」にあります。そして設問がずばりこの点をついていることは、あらためて指摘する必要もないでしょう。

最後にこの段落を手短にまとめることが残っていますが、この段落には省いてもよさそうな部分が見あたりません。事例がひとつでは「論調」を説明するのに不足です。そのすべてを要約にくり入れます。

内容の展開を整理する

今度は、課題文全体をとおした、内容の展開をふりかえってみます。それを箇条書きで記すと、次のようになります。

(a)場を大きく新潟にとってから、辺鄙な深い山あいの山村に限定する。
(b)その山村で少年時代をすごした時が戦前だったことを伝えながら、村の出来事のおおかたは村の力だけで始末がつけられていたと語る。
(c)次いで村のことをなにも知らなかったと言いながら、歴史家になったとき少年時代の経験が大きくものを言ったことをそれとなく示唆する。
(d)歴史家として納得しがたかった根拠が、少年時代までの生活体験だったとはいえ、ひとりの人間の経験から生まれた感情であると断じる。

以上の(a)〜(d)の流れを簡単に示すと、故郷の新潟→その深い山あいの村→その村での少年→それは戦前→村の実態を知らない少年→村内のことは自力で始末する村→歴史家になっても残る村の情念→その情念に反する論調への批判、となります。

この(a)〜(d)を九六ページの①〜⑤と対比すると、(a)は①に、(b)は②〜④に、(c)は⑤に対応していることがわかります。戦略的検討はやはり本格的検討を略式にしたものです。

それは次節にまわし、ここでいったんお茶にしましょう。

ティータイムV〈現代文の攻略につかえる「戦略的方法」――その1〉

ここでは授業で〈ステップ2〉の演習をしたときのことをお話ししましょう。途中で現代文の問題に話がとんでしまったことで、かえって国語の勉強も論文の勉強も、質的に違いはないということが、生徒諸君にはっきりしたことを伝えたいからです（長くなるので二回にわけます）。

藤木さんの文章は短いので三十分で書いてもらうことにしました。ところが、最初の十数分が経《た》っても、みんなどこから手をつけてよいかわからなく、途方にくれているようです。例のA君はこのときも課題文の書いてある紙面とにらめっこするばかりです。三十分経ってもなにも書いていません。

おしゃべりしながらの演習

こういうときには、当然、時間を延長します。あらかじめ決めた制限時間は目安でしかありません。それに、よく質問がくるので、おしゃべりしながらの演習になります。その一部を紹介します。

ある生徒いわく、「これは新聞のコラムみたいなもので、取りたてて論じなければならないほどの文章ではないのじゃないですか」。これはまるで、現代文でお目にかかる抽象的な語が多く難解な論説文でなければ考える価値がない、と言っているようにも受けとれる質問です。

別の生徒いわく、「こんなコラムみたいな文章は読みとばして次の記事に移る人のほうが多く、読んだ人の記憶にとどまらないんじゃないですか」。この発言もまた――新聞のコラムはたしかに当たり障りのないことが書いてあるのが多いけれども――難解な語彙がちりばめられている文章でなければ考える価値がないと言っているように聞こえます。

そうしたら、また別の生徒が問題文をひとつ差しだしながら、こんな現代文の文章、どうやったら読めるんですか、と不満とも諦《あきら》めとも怒りともつかぬ調子でうったえます。見てみると、「アプリオリな形で」とか「実在的歴史」とか「実体論的歴史哲学」とかいった、簡単にはわかりようのない語句が、ヘーゲルやマルクスやコジェーヴといった人名といっしょに記されています。筆者は明らかに哲学畑の人です。

難解な？　現代文

そうだそうだ、この問題文はわからない、という声まであちこちから聞こえてきて、ひとしきりワイワイガヤガヤです。どうやら、現代文の問題文には、論説文でも小説でもエッセイでも、みんなかなり手こずっているようです。

現代文の問題文も論文の課題文も、ひとまとまりの文章であることには変わりがなく、筆者の言いたいことをつかむことが肝心だという点では同じです。しかし授業が半分までしか進んでいない九月の時点では、そのつかみ方が充分に身についておらず、こうした苦情がでるのもやむを得ません。

よい機会だから、あらためて時間をとって差しだされた文章を説明し、同時に藤木さんの文章を現代文の記述問題に作りかえ、現代文でも論文でも対処の基本は同じであることをはっきりさせることにしました。そのときいっしょに、難解な語句がちりばめられている文章の処理方法も教えることにしましたが、説明全体が長くなっています。それは次のティータイムにまわし、藤木さんの文章にかんする生徒たちとのやりとりに戻ります。

課題文にもどって

この課題文には派手なことばがまったくありません。目立つ語句は日本史上の用語と読め、しかもその意味を知らないでも文章の意味はわかる。そういう風に読めてしまうから、かえって手がかりがつかめないようにも見えたので、筆者がなぜこの第一段落から書きだしたのかを考えてごらん、とヒントを出しました。

そうすると、筆者の故郷の新潟のことでしょ、それもすごく不便な山あいの村のことが書いてありますよね、でもそれと「村の情念」とどう関係するのか、そこがわからない、とある生徒が言います。なぜわからないかを訊《き》いてみると、やはり夜念仏やかんの刈りなど、初めて目にする語句が意外に多く、それが理解をさまたげているようです。

それで、わからない語句はほっといて、筆者とその村との関係がどうなってるかを考えてごらん。それは次の段落を読めばわかるんじゃないかい？　それにこの第二段落の内容はいつの時代のことなんだろう。それから、筆者が少年時代をすごした村と外部との関係も考えなくっちゃ……。

「わからない語句はほっといて」は、難解な現代文の処理につうじる方法ですが、このときはこんな調子であっというまに一時間が経ってしまい、もう時間がなくなったので、答案は集めず、そのまま宿題にしました。九六ページに提示した①〜⑤は、授業が終わってから、なんかコツらしきものがありませんか、と訊いてくる生徒に示したものです。

自分から「なぜ」と問う

以上の応答で私が、課題文にたいして「なぜ」と疑問をだす、同一箇所でも一度ならず疑問をだすことが大切だ、と言っていることはおわかりでしょう。すでに終わった「(2)課題文の本格的検討」では、毎回そう書くと読みづらいので避けていますが、丹念にチェックするなら、明示的に疑問が記されていない箇所にも、疑問がこめられていることがわかるでしょう。

論文試験で大学からだされる文章には、どこかに「変だな」と疑問に思う箇所があり、それが設問とからんでいる場合がよくあります。しかし今回の課題文のように、ひととおり読んでなんのこともない文章のときには、自分のほうから疑問をだして、課題文の内容を手がかりに自分で答えるという作業が不可欠です。

その疑問は何度も何度もくりかえし課題文にむける必要があります。しかもその疑問は対象の内容に応じて変わります。このように何度も「なぜ」をくりかえすのは——すでに述べたように――「いつ」「どこで」「だれが」「なにを」「どのように」を明らかにしながら、課題文の内容を現実のできごととして受けとめたいからです。

ところが課題文をポンとだされたままでは、これがなかなかできない。と言うより、このときはまだできなかった、と言ったほうが適切です。なぜなら、次の週に生徒諸君が書いてきたものを見て、私のほうが驚いてしまったからです。あんなヒントだけでここまで書けたのか、と思わず感心してしまいました。

どうやら生徒諸君の一部は、文章の読み方の基本を身につける最初のステップを終えるところまできたと見てよいようです。授業をしているほうとしてはなんとも嬉《うれ》しいことかぎりがない。後でその成果を見てください。

(3)課題文の戦略的検討

それでは課題文の戦略的検討をはじめます。予備的検討を承《う》け、設問に答えるために必要な事項に的をしぼって内容を検討するところが、利用方法のポイントです。時間が限られている試験などに利用する方法です。

予備的検討の結果を確認

ざっと予備的検討の結果を見ておきましょう。課題文の主旨は「雪に埋もれる半年は新聞もとだえるような新潟の深い山あいの村でそだった筆者が歴史研究の道に入ったとき、その研究には少年時代の経験が反映していたようで、そのためかどうか筆者は一部の論調に納得できなかった」とまとめることができました。

その核心は「一部の論調に納得できなかった」で、設問はこの核心に焦点を合わせていることもわかりました。ではまず確認の意味をこめて、検討すべき五点を再録します。

①筆者の郷里には、電灯もなく馬車もかよわない深い山あいの村がめずらしくなかった。
②筆者はそうした山村で少年時代をすごした。
③筆者が世の中をかいまみたのは、奉公にでていた若者が徴兵されるときくらいだった。
④筆者はほんとうの村のことは何ひとつ知らないと言う。
⑤筆者はそれでも歴史研究者になって、村の共同体規制のきびしさに目をむけたりした。

戦略的検討をするときのコツは、設問の中心を念頭におきながら、検討した文面がそのまま答案の素描になるようにすることです。最初に設問を確認してから、右の五点を順序どおりに取りあげてやってみます。

戦略的検討

設問の中心を筆者のことばで表現すると「わたくしの中の村の情念が納得できなかったのはなぜか」である。その「わたくしの中の村の情念」は、筆者が村で少年時代をすごすうちに形成された気持ちであると考えられる。そうした少年時代の気持ちは簡単には消えないだろうとも考えられる。それなら設問は、こうした簡単には消えない「気持ち」が一部の論調に「納得できなかった」理由を訊《たず》ねていると見てよい。ではなぜ筆者は「納得できなかった」のか、それを探るため、課題文を最初から検討しよう。

課題文は筆者の郷里である新潟に電灯もなく馬車もかよわない深い山あいの村がめずらしくなかったことからはじまる。筆者がそうした村のひとつで少年時代をすごしたことは「ふり仰ぐ空も狭いそうした山村の一つで……少年時代を過ごしたわたくしにとって」から明らかである。その少年時代が戦前だったことは、徴兵の話が記されていることからわかる。加えて、この部分の「世の中をかいまみる折といえば」から、筆者が自分の村を世の中の一部だと受けとめていなかったことも明らかである。

ところが筆者は「ほんとうの村のことは何一つ知らない」と断りをいれる。その理由は充分に推測がつく。筆者は少年時代までしか村にいなかったのだろうし、「村仕事や常会やお籠り」を少年として外からながめるだけだっただろうと考えられる。この断りを疑う必要は毛頭ない。しかし筆者が村のことをまったく知らなかったと見なすこともできない。中世の研究にはいった筆者は、「土着の領主や村々のあいだの課題解決の仕組みに心ひかれたり……村のかちとった『地下請』の下での共同体規制のきびしさに目を向けたり」しているからである。

筆者はその理由を「遠い日の山村のありようへの追憶からであったかも知れない」と記して断定をさける。しかし、村で十数年も生活すれば、村の風習やしきたりは染みついたように筆者の心に残っていたであろう。風習やしきたりの「きびしさ」も、その心に深く刻まれていたと推測するほうが妥当性は高い。小さいときに形づくられた感情的基盤はなかなか消えないのが普通だからである。

したがって、歴史研究の道に入って「中世の村はひたすら明るかった」といいたげな論調をもつ論文に接したとき、そんなことがありえるのか、という気持ちが反射的に筆者に生まれたことは推測にかたくない。それに加えて、課題文中の「村の出来事のおおかたは、淡々とときに隠微に、村の力だけで始末がつけられていたのである」は、いつからそうだったかは明示されていないが、「戦国大名は村の中の農民一人ひとりまでもつかみ切った」といいたげな論調をはねかえす役割をになっている。

少年時代の経験は、歴史研究者としての筆者のなかに、判断基準のひとつとして定着しており、だからこそ、その経験の中に生きる「村の情念」は双方の論調に納得できなかったのだと考えられる。

戦略的検討のポイント

以上の検討は、字数をまったく考慮しなかったのですが、四〇〇字詰め原稿用紙で一二〇二字です。指定字数にあわせるためには、引用などをトリミングするだけで済みます。この検討をふりかえって気づくことを三点あげます。

第一に言えることとは、全体の流れが注意事項Ⓐそのままになっている点です。戦略的検討が本格的検討のミニチュア版であることがよくわかります。論文だからといって、材料をしこんで、自分の観点を立て、それを強く打ちだす必要はないわけです。

第二には、生活体験から生まれる感情の在り方をどう検討にくみこむか、これがポイントになっていることです。授業中に「不便な山あいの村」と「村の情念」との関係がつかめなかった生徒は、このポイントが思いつかなかったのでしょう。まだ自分の少年時代をふりかえって眺められる年齢ではないのですから、それは無理のないことかもしれません。しかしそれなら、この演習で念頭におくべき点をひとつ学んだことになります。そうしたポイントを積みかさねることが、本番への準備になるわけです。

第三は課題文中の個々の要素を関連づけていることです。これはとても大切なことで、課題文で問題となっている事態の全体像が見えてくると、文脈では無関係だった個々の要素がたがいに結びつくようになります。右の検討では、たとえば、「戦国大名は……」と「村の出来事の……」がそれに該当します。

生徒答案①

今度は生徒諸君が宿題でどんな答案を書いたかを紹介します。一学期はうまく書けなかったB君の答案です。第一段落だけをかかげ、それに下線と注番号をつけておき、後にコメントを記します。答案のできぐあいは、最初の一行を見ればだいたいわかるので、一段落もあげれば充分でしょう。

著者は世間から孤立し①自活した村の姿に②心を引かれる。少年時代に過ごした村での記憶が村の情念を作り上げた。ここでの世間とは村の外の世界であり、日本人の大多数の人間が暮らす空間である。

①は語が不適切。「自活する」は、「就職して自活する」のように、「他人の援助や保護にたよらず、自分の力で生活を維持すること」です。村の人々全体にはもちいないでしょう。②は内容の読みちがえです。筆者は少年時代の回顧にふけってはいません。しかしもしかすると、語の選択が不適切なだけだった可能性も捨てられません。他の部分はすべて記された内容に狂いがないからです。

それでもB君には、❶個々の語の意味を常に確認する、❷もっと書く、という作業が必要だとは言えるでしょう。B君の答案に指摘した①と②の狂いは、長年のあいだ論文の指導をしていて、意外に多くの答案に見られる欠点なので、敢《あ》えて取りあげています。

生徒答案②

C君は二六ページに「性格がまじめで学科の勉強をしっかりやってきた」と記した生徒で、そのためかえって一学期は「学科で学んだことと自分の頭で考えることを統合」できずにいました。しかし、注意事項Ⓐをずっと実践しようとして努力してきたせいか、ずいぶん文章が流れるようになっています。簡単に紹介します。

　筆者は、雪の季節には新聞さえも届かなくなる深い山あいの村で少年時代を過ごした。そこは電灯の普及も進んでいないうえ、馬車などの交通手段もないことから、外部との接触はほとんどなかったことがうかがえる。村は村独自の力で運営され、筆者が「世の中をかいまみる」瞬間は、奉公に出ていたわかものが徴兵されるときのみであった。ここでいう「世の中」とは、村の外部である。わかものの徴兵は村の力だけで始末することができないものであったが、こうした瞬間が記憶に残るほど、村の自治は村が独自で行うことが出来ていたといえる。

内容の理解に狂いはなく、「外部との接触」と「村の自治」への言及も適切です。大学入学後も一～二年この勉強を続けると、ただ大学の授業にでるだけの状態とはずいぶん結果が違ってきます。逆に、入学後の解放感にまけ、こうした勉強にたいして腰が引けると、大学院に進もうと思っても、その先は期待できないと言ってもかまわないほどです。

生徒答案③

次はD君の答案を紹介します。あとでコメントを記すように、よく書けている答案です。

筆者の住んでいた郷里、新潟は①情緒豊かな風土に恵まれていると同時に電灯もなく馬車も通わず、雪に埋もれる半年のあいだは、三日に一度の新聞さえも途絶えてしまうような深い山あいの村が珍しくなかったという。そうした環境で少年時代の筆者が、世の中をかいまみる機会と言えば、世間に奉公に出ていたわかものがとつぜん帰ってきては兵隊に行ってしまうのを見送るときくらいに限られていた。こうしたことからも分かるように少なくとも筆者の暮らしていた村は地理的、社会的な点から言って世の中と隔絶された、閉鎖的な空間だったはずだ。また、文化的にも我々にはあまりなじみのない風習があったり、村の成員として村仕事や常会やお籠りというものにも参加しなくてはならないというあたり、やはり世の中とは多かれ少なかれ、違った尺度で村人たちは独自の生活を我々の知らないところで②したたかに営んでいるらしい。そして、遠い日の山村のありようの追憶から か、筆者は村の歴史の中にあった、土着の領主や村々のあいだの解決の仕組みや権力と村のかかわり、共同体制のきびしさに目を向けるようになったという。こうした筆者の村観とは対照的に③世間の人間の中には、中世の村はひたすら明るかったとか、戦国大名は村の中の農民一人ひとりまでもつかみきったといいたげな論調で村を語る者たちがいるのは何故だろうか。

考えられる一つとしては、村の〝④閉鎖性〟が挙げられるだろう。世の中とは異なった文化を営んできた村をよそ者が理解するというのは容易なことではないだろう。また、もう一つとして筆者と論者の村を見るときの⑤視点もその理由だろう。筆者は己が実際に体感した村をもとに村というものを見つめているのに対し、こうした論者たちの論調には、村について判じるにあたって彼らが予《あらかじ》め抱いている何らかの価値観(村を無条件に讃《たた》え、またそれを支配する権力者たちがとても非情な存在で村人たちはか弱く健気《けなげ》な者たちであるとするような見方）を感じてならない。そして、それは筆者の知る村の実態とは異なるため、筆者は違和感を感じたのだろう。

全体は二段落からなっていて、第一段落が自分なりに理解しながら課題文の内容をさらって設問に答える態勢を提示した部分、第二段落が答えとして自分なりに考えたことを書いた部分、となっています。個々の部分に軽くコメントしましょう。

①は不要です。「課題文の内容や主題から生まれる関係」がないからです。この関係を英語でrelevancyと言います。この「関係」を欠く記述が答案ではよく目にするので、特に記しておきます。②は「村の出来事のおおかたは……始末がつけられていたのである」との関連でもう少し説明すればよかったでしょう。「隠微に」の意味も掘りおこせば、読むほうもたしかに「したたかに」だと思える文面になったと思われます。

③は筆者が念頭においている範囲を広く取りすぎています。「わたくしの中の村の情念が納得できなかった」時期は必ずしも明確ではありませんが、「村を出て中世の歴史に関心をもつようになったとき」以降であることはまちがいありません。だからもっと狭く「歴史研究の世界」に限定してよかったでしょう。

④の「閉鎖性」は設問に答える第一の指摘で、課題文を読むうちに自分なりに指摘した内容を承け、充分に指摘できる点です。⑤の「視点」も指摘可能です。課題文だけでは歴史研究者たちの動向を具体的に知ることができませんが、指摘の内容は充分に成りたちます。

生徒答案③に含意されること

④と⑤は設問にたいする答えで、課題文をよく読みこんでいることがわかります。このように課題文をよく読みこんだ文章を書くことは、おしゃべりなら相手から、わかってくれているんだ、と思われることに相当します。

さらに一般化すると、論文の勉強は第一に「聞き上手」になること、となります。聞き上手と言われる人は、話し手が人に話さず心に抑えていることまで話してしまうような人のことです。こうした人はその後に適切なアドバイスもだせるでしょう。論文なら、それは自分なりの考えを書くことです。「論文」というと、自分なりの論点の提示や、相手の論駁《ろんばく》が強調されがちで、実際にそうした論文があるのも事実ですが、論文の勉強は「聞き上手」に端的に示されているように、社会人になってからも役立つものなのです。

最後に一言

⑤にいたる過程にある「筆者は己が実際に体感した村をもとに村というものを見つめている」という部分は、とても大切なことを指摘しています。今回の課題文から学べるもっとも大切なことは、経験の重要性だからです。

筆者の藤木さんは自分の経験に忠実に生きてきたから、学者でありながら「わたくしの中の村の情念は納得できなかったのである」と言えたのでしょう。実は、この点を強く打ちだすため、一一七ページに「(d)歴史家として納得しがたかった根拠が、少年時代までの生活体験だったとはいえ、ひとりの人間の経験から生まれた感情であると断じる」と記しておいたのです。その筆者がはねかえそうとした理論的考察がなぜ生まれるのかは、もうひとつ大切な点になりますが、それは次のティータイムの最後で軽く触れることにしましょう。

ティータイムⅥ〈現代文の攻略につかえる「戦略的方法」——その2〉

前の〈ティータイムⅤ〉で約束したとおり、まず授業中に生徒から差しだされた現代文を検討し、現代文でも論文でも対処の基本は同じだということをはっきりさせましょう。その文章は七ページ弱と長いので、最初の段落だけ全文を引用し、後に出典を記します。

「まず実在する歴史が仕上げられなければならず、次いでこの歴史が人間に物語られ(raconter)ねばならない」(本文)

「加えて歴史的想起なしには、すなわち語られたり(oral)書かれたり(écrit)した記憶なしでは実在的歴史はない」(注)

コジェーヴは前半の本文において、まず実際の歴史的出来事が生起し、さらには完結し、しかる後にその出来事が人類に対して物語られるべきことを説いている。彼によれば、へーゲルの『精神現象学』は、実在する歴史的発展が終わった後に、それをアプリオリな形で再構成した一つの物語なのである。しかし、後半の注においては、その時間的順序を逆転させ、「語る」あるいは「書く」という人間的行為によってはじめて実在的歴史が成立することを述べている。それを「物語行為」と呼べば、実際に生起した出来事は物語行為を通じて人間的時間の中に組み込まれることによって、歴史的出来事としての意味をもちうるのである。ここでコジェーヴが述べているのは、「歴史」は人間の記憶に依拠して物語られる事柄のうちにしか存在しない、という単純な一事にほかならない。

（野家啓一著『物語の哲学』〈二〇〇五年、岩波書店〉より）

ではこの文章を処理しましょう。文章読解の基本は「筆者の言いたいことをつかむ」に尽きます。それを丹念にやろうとすれば本格的検討をし、時間がないときは略式の戦略的検討をすればよいわけです。戦略的検討は筆者の言いたいことやその意味を、できるだけ短い時間ではっきりさせる方法としても使えるからです。ここでは、生徒諸君に説明したときの様子を再現しながら、略式でいきます。

授業での説明のさわり

——最初に内容のよくわからないふたつの文が記されてますね。でも、一行の空白のあとの「コジェーヴは……」まで読めば、その二文が考察のきっかけになってる引用だということは見当がつくでしょ。と同時に「コジェーヴは……」で、自分が引用した文の説明をしているらしい、ということも見当がつくんじゃないかな。

次の「彼によれば……」もコジェーヴの考えを自分のことばで説明してるんだということは見当がつく。もちろん、なぜそのあとにヘーゲルがでてくるのかは、わからない。『精神現象学』という書名くらいは倫理で学んでいるだろうけれど、コジェーヴとヘーゲルの関係がどうなってるのかも、わからない。

でも、みんなはまだ大学に行っていないし、哲学の素養もないんだから、こんな内容を理解する必要なんてありませんよ。そもそも「アプリオリな形で」とかいった語句は、筆者が自分の体面をたもつために使うだけだから、それを除外して、こういう風に書き方に着目すれば、筆者の言いたいことはあんがい楽に引きだせる。「しかし、後半の注において」ではじまる三番目の文も、コジェーヴの文をパラフレーズしたんだということは、すぐわかる。

略式では木にこだわらず森を見る

そう読んでしまえば、後はなんのこともない。個々の文意（木）はわからなくともいい。森を見れば済む。この段落で筆者の言いたいことは、最後の「ここでコジェーヴが述べているのは、『歴史』は人間の記憶に依拠して物語られる事柄のうちにしか存在しない、という単純な一事にほかならない」というだけになる。

単純化すれば「歴史は物語られる」です。条件として「人間の記憶に依拠して」があるだけです。「『歴史』は……物語られる事柄のうちにしか存在しない」といった手の込んだ言い方は、今のうちは無視していい。こんな言い方をする必要性は、大学にはいってからの四年でじっくり勉強すればいいんだから。そしてそれを無視すると、第一段落の内容は「歴史は物語られる」だけになってしまう。しかしこれじゃ歴史家の仕事は稗田阿礼《ひえだのあれ》のやったことと変わりがない。

ここがわかれば、同様のことがそのあと何度もくりかえされているだけだということはすぐわかる。第二段落はダントという人の考えを利用して、新しい説明にはいる。しかし最後のほうに、「後者は、歴史を『物語る』という言語行為によって構成されるものと考える立場である」から、また「歴史は物語られる」と言いたいことがわかる。第三段落も最後が

「歴史は『物語文』を語るという言語行為を離れては存立しえないと言わねばならない」だから言いたいことは同じ。

森を見てわかること

こうやって読んでいくと、途中の説明がわからなくとも、最後にでてくる文や語句に着目すると、言ってることはみな同じだということがわかってくる。問題文の最後のほうにある「人間は『物語る動物』あるいは『物語る欲望に取り憑《つ》かれた存在』である」も、結局は同じことを言っているだけです。膨大な史料をどう処理して物語るのか、たとえば十九世紀から二十世紀の東アジアをどう物語るのか。こんな厄介な問題についてはなにも言ってない。

しかしその物語り方が日本と韓国と中国でおそろしく違うから、今も面倒な問題が起きている。この文章はもっと長い論文の一部だろうが、問題文としては完結している。そう完結しているところで読むと、その「物語る」がこうした現実に結びつくとは読めない。

だから、実際に歴史を研究している人、たとえば今回の課題文を書いた藤木さんにこんな主張が役立つかといえば、参考にならないでしょうね。素人から見ても、それくらいはすぐわかる。こういう文章はわからなくてもいい。そう見極めるときの基準は、内容が現実の問題解決にかかわるかどうかで判断する。かかわらないと思ったら、取りあえずはわからなくてもいい。後は点数を取る工夫が大事。受かんなくちゃ話がはじまらないんだから。

難解な現代文への対処方法

入試でみんなが難解だと思う文章はだいたいこんな調子だから、難解だから考える価値があると思っていたら、それは錯覚ですよ。現代文でむずかしい論説文がでたら、だいたい今のように処理していい。木（個々の語句）にはこだわらず森を見る。難解な語句は装飾。だからそれをはぎ取って、最初に筆者の言いたいことをつかむ。それから、文脈を考慮しながら、設問に答えればいいんです。

こんな対処方法は、言ってみれば、前に述べた戦略的方法の応用。これで論文の勉強が現代文の攻略にも充分につかえることがわかったでしょ。――

差しだされた現代文の文章についておこなった説明は、だいたいこんなところです。実はコジェーヴが戦前のフランスでおこなった『精神現象学』の講義録は私が翻訳者になっているので、内容についても「仕上げる」という訳語をもちいた理由などについても、もっと詳しく説明したのですが、その部分を省略すると、以上のような話になっています。

ではこうした哲学的な考察や理論的な考察がまったく不要で、わからなくともよいのかというと、必ずしもそうではありません。人間は観念や理念にとらわれやすく、自分がどんな世界に生きているかを説明してくれることばに弱い。この傾向をコントロールするには、現実に照らしながら、自分の考えていることを検討する必要があります。『歴史とはなにか』で著者のカーが試みていることも同じ主旨から発しているでしょう。

現代文の記述問題への変換

では藤木さんの課題文を現代文の記述問題に変えます。本来なら、問題文をもう一度掲載し、設問の文面が記されている部分に下線を引き、記号もつけるのがよいわけですが、紙面がもったいない。設問を提示するだけにしましょう。

設問(1) 筆者はなぜ第一段落で故郷の新潟のことを記したのかを説明しなさい。

設問(2) 「世の中をかいまみる折といえば……ものであったろうか」から読みとれることを記しなさい。

設問(3) 筆者が「村の出来事のおおかたは……始末がつけられていたのである」と知ったの

はいつのことか、説明しなさい。

設問(4) 筆者が「土着の領主や村々のあいだの課題解決の仕組みに心ひかれたり」したのはなぜだと考えられるか。文脈を考慮して推測できるところを記しなさい。

設問(5) 筆者はなぜ「遠い日の山村のありようへの追憶からであったかも知れない」と記すのか。考えられるところを述べなさい。

設問(6) なぜ「わたくしの中の村の情念は納得できなかった」のか。考えられるところを述べなさい。

これで論文の課題文を現代文の問題に簡単に変えられることはおわかりでしょう。論文だからとか、現代文だからといった風にこだわること自体が、意味をもたないのです。

ステップ3

自分の感じ方をどうことばにするか

――歴史家アラン・コルバンのインタビュー記事に即して

文章読解の基本は「筆者の言いたいことをつかむ」に尽きる――これは前回の〈ティータイムⅥ〉の始めのほうに記したことばで、これまで何度も述べてきたことです。その「言いたいこと」は場合によって「書きたいこと」や「表現したいこと」になりますが、読解の基本自体はどの文章にも当てはまります。ある文章を丹念に検討して「言いたいこと」をとらえようとすれば、その文章を本格的に検討すればよく、略式にするなら戦略的検討を利用すればよいのでした。ふたつの検討方法を課題文に適用するまえに、予備的検討で文章を大まかに見ておく必要があることは言うまでもありません。他方、**書くべきことは課題文を検討すればおのずから生まれる――これが論述の基本**でした。

東大後期試験から

最後となる今回の演習では、本書の基本ともいえる以上の点が、本番の試験にも当てはまるかどうかを、実際に試してみようと思います。課題文としては二〇〇九年に東大が後期試験（論文試験）で総合科目Ⅲとして出題した二題から、第一問を取りあげることにします。（制限時間は二題で一二〇分。）

第一問　次の文章は、フランスの著名な歴史学者アラン・コルバンに対して、その新著における歴史記述の方法論を中心に行った、インタビュー記事である。これを読み、後の問いに答えなさい。

原題を直訳すると『ルイ・フランソワ・ピナゴの再び見いだされた世界――無名の男の痕跡《こんせき》』。北部フランスの貧しい村で木靴職人をしていたピナゴという男性を扱っている。

「私の試みは、一切の痕跡を残さずに死んでいった普通の人々に、個人性を与えることができるかという問いに答えようとしたものです」とコルバン氏は話す。

「社会史の多くは、手紙や日記、回顧録など自ら記録を残そうとした人々の記述や、罪を犯したり革命に加担したりして残った裁判記録を材料にしています。しかし彼らは一般大衆とは異なるカテゴリーの人たちです。本当の意味で民衆の社会史を著すことにはなりません」

話題にならず、罪も犯さず、歴史の底に埋もれてしまう無名の人物の歴史を書きたかった、という。

コルバン氏は一九三六年生まれ。パリ第一大学（ソルボンヌ）教授で、十九世紀史を担当している。政治史や事件史中心の旧来の歴史学に対し、人々の日常生活から歴史の深層を探ろうとするフランス・アナール学派の継承者の一人。

一九九五年五月、故郷に近いノルマンディー地方の公文書館で、コルバン氏は「無作為に」一つの村を選んだ。続いて、その村の出生届の記録から「無作為に」二人の男性を抜き出した。その一人が一八七六年に七十八歳でなくなったピナゴだった。彼の教区の保存文書を調べ、徴兵記録、税金の記録、土地の記録、いさかいの調停記録などを探しあてた。

「ピナゴは森のはずれに住んでいた。文字は読めなかった。生涯同じ村で暮らした。子供は八人。奥さんには先立たれている。極貧者のリストに載っていたが、牛を一頭持っていた。①十七歳と七十二歳の時にプロシア軍が村に侵入した。これが生涯で最大の事件でしょう……こうした細部が私のバーチャルなスクリーンの上に並んでいったのです」

親類縁者や周囲に住んでいた数十人を調べ、ピナゴの周辺をあぶりだしていった。当時の村人の取引記録や子どもたちの話し方、声の記録などにもあたった。「晩年、請願書に記した十字架の印が、彼の残した唯一の痕跡かもしれません」

これだけの記録が残っているフランスにも驚かされる。

「ピナゴは当時の貧困層を代表する人ではありません。彼が選挙に行ったかどうかはわかっても政治的意見はわからない。主観には立ち入れないのです。またグローバルな意味で当時の農村社会史を描くことでもありません。言ってみれば、当時を探る一つのツボなのです」

「歴史学は不幸や苦痛、苦悩を特権視する傾向がある」というのがコルバン氏の持論だ。その意味で、②「何も起こらなかった人の歴史」は、メーンストリームの社会史、歴史学へのアンチテーゼなのだろう。

昨年邦訳が出た『人喰《ひとく》いの村』では、むごたらしい虐殺事件が起き、たくさんのテキストを生みだした一つの村を舞台に歴史を描いた。今回の本は、異常性、事件性がなく、テキストも生みださなかった人々という点で、対称的な存在になる。

「感性の歴史」を研究し続けているコルバン氏にとって、歴史を、過去の感性を「わかる」とはどういうことなのだろう。同時代の人々の感性ですら「わからない」ことが多いのに。

「私にとって、過去の感性が『わかる』とは、さまざまなオブジェを見つけ、組み立て、そうやってその時代に生きた人々の〝皮をかぶる〟ことを意味します」

八二年に出版した『においの歴史』では、華麗なパリやベルサイユをおおっていたすさまじい糞尿と香水と汗の臭気を活字で再現して話題になった。

その時代の音、におい、人々の好みを探る。しかしそれらは、必ずしもテキストとして明文化されてはいない。「歴史学は残されたもの、記録のあるものを材料に組み立てる仕事です。しかし、書かれていないからといって、人々が経験していなかったと言えるのでしょうか」

「たとえば、現代人の多くはわざわざ日記に自動車の騒音について書かないでしょう。あまりにも当然のことだからです。しかし西暦三千年の歴史学者が二十世紀末の人間の感性を調べた時、記録がないからといって『街のなかに騒音がなかった』と主張したら間違いをうんでしまいます。日記や手紙にはレトリックのワナがあります。しかし、ピナゴの歴史にはそれがありませんでした」

木靴職人が生きた寒村には今だれも住んでいない。「パリっ子のバカンスの場」になっているという。

「もし来世というものがあって、私がピナゴと会ったら、彼はとても驚いているでしょうね」

(©Alain Corbin Through Bureau des copyrights Français, Tokyo　一九九八年三月一七日付け、朝日

新聞夕刊に掲載された、インタビュー・構成＝刀祢館《とねだち》正明による「フランスの歴史家アラン・コルバン氏に聞く」より。なお掲載時の小見出し、写真は省略した）

問一　本書では省略

問二　傍線部②と関連して、一切の痕跡を残さずに死んでいった普通の人々に個人性を与えるという、コルバンの試みについて、あなたはどう考えますか。賛成または反対の立場から、具体的な理由をあげて一〇〇〇字以内で論述しなさい。

この総合科目Ⅲは、二題の問題を制限時間二時間で解く試験です。この第一問には小問がふたつあります。最初の小問（問一）は本書で省略しましたが、試験の全体を知る手がかりになるでしょうから、一応の内容を説明しておきます。

その小問は知識問題で、傍線部①にかかわり、ふたつに分かれています。(1)はピナゴが十七歳のときプロシアが村に侵入したが、この事件に関連するヨーロッパ規模の史実を説明する、(2)はピナゴが七十二歳のときの同様の史実を説明する、という二問です。課題文の背景となっている歴史状況を知っているかどうかのチェックなのでしょう。文章を読むときには時代背景にかんする一応の知識が不可欠なので、あってもおかしくない設問です。

しかしその知識はピナゴのことを知るためには役立ちません。ピナゴのことを知る手がかりは課題文だけです。論文試験なら本来は不要な設問です。知る・考える・わかる（理解する）という活動のそれぞれの特性が、あまりはっきり区別されないまま、設問が作られている印象をあたえます。そうした印象をあたえる点で、出題する大学の態度が不徹底なのかもしれません。この点は、設問の在り方とからめて、あとでティータイムのときに、もういちど取りあげることにします。実は、設問にかんする疑問は、問二にもあるのですが、その点もあとまわしにします。受験者は設問がどのようなものであっても、とにかく答えなければならないからです。

実際の試験では、この第一問で、用紙三ページの課題文を読んで、問一のふたつの問いに答え、なおかつ問二で一〇〇〇字以内の論述をするだけでなく、第二問でも五ページの課題文を読んで一五〇〇字以内の論述をしなければならない。それも全部で二時間で仕上げなくてはならないのですから、かなりハードな試験です。手早い操作がもとめられます。

それで今回は、まず予備的検討をしてから、戦略的検討を適用して答案を出すことにしましょう。次いで課題文に本格的検討をほどこし、内容をじっくり考察することにします。

(1)予備的検討

今回は本番の試験問題を取りあげているので、課題文の予備的検討にはいるまえに必要な準備からお話しすることにします。

趣旨文の検討

この第一問では、課題文のまえに、「次の文章は、……後の問いに答えなさい」という文があります。出題者が受験者に要求事項を伝える文です。ここでは「趣旨文」と呼ぶことにします。この文から設問の最後「……一〇〇〇字以内で論述しなさい」までを一通り読みおわるのに、少なくとも数分はかかります。試験は時間が勝負ですから、効率よくその全体を読まなくてはなりません。

それに、大学が出題する問題の趣旨文には工夫がこらされているのですから、予備的検討は実質的に趣旨文の検討からはじまります。効率よく問題を処理しようとするなら、趣旨文のあつかいが意外にものを言うので、つぎの点に注意が必要です。

趣旨文から課題文のなかで着目すべき点をとらえ、メモしておく。

すると、①新著が話題である、②歴史記述の方法論（研究方法についての議論）が中心になっている、③課題文がインタビュー記事である、この三点が引きだせます。①と②は中心的話題を示しています。③から予備的検討で必要な「課題文のジャンル」はもう確定です。趣旨文には、このように、課題文を読むときの着目点やヒントがよく書かれています。同じことは課題文のあとに書いてある出典にも言えるので注意が必要です。

課題文を読むときの最初の処理

課題文を読むときにも、効率よく読む工夫が必要です。具体的には、課題文を読みながら、主な話題と重要な語句を、メモにとることです。ざっくり課題文を読んで、要点を押さえると言ってもよいでしょう。

実際に課題文にざっと目をとおしてみましょう。主な内容は、❶新著がピナゴという木靴職人を取りあげた本である、❷民衆の社会史を専門とする著者コルバンが、文盲で無名のままに一生を終えた人物の生涯をどう再現したか、❸著者は感性の歴史を研究している、この三点であることがわかります。❶は前の①に対応します。❷は②に対応します。趣旨文を読んで着目した点が、そのまま課題文を読んで着目した点に対応しています。

「感性の歴史」という語句はわかりにくいかもしれません。これは時代による好みの違いの研究と言いかえればピンとくるでしょう。十九世紀の人が同じものを二十世紀の人とまったく同じように感じとっていたのかどうかは即断できません。同種の問題を文化による味覚の違いにとれば、たとえば欧米人が納豆を好むかどうかの違いになります。これで❷と❸は実質的にひとつにしてよいことがわかります。

流れにそってまとめる

これでもう予備的検討に入れます。課題文は段落の切れ目がはっきりしないので、〈ステップ1〉のときと同じように、流れにそって内容をまとめることにします。

最初のまとまりは著者の経歴が説明されたところ（一四八ページ二行目）までとします。

内容はインタビューアーのことばも利用し、**「著者はピナゴという、話題にならず、罪も犯さず、歴史の底に埋もれてしまう無名の人物の歴史を描くことで、そうした人に個人性を与えられるかどうかを試みた」**と整理できます（なお「社会史」は政治や経済の歴史ではなく社会の歴史を研究する分野だと簡単にとらえておきます）。

第二のまとまりは前著との対比（一四九ページ九行目）までとします。内容は**「調査は外的データを利用してピナゴの生涯の輪郭をさぐったもので、著者はピナゴの『主観には立ち入れない』。ピナゴ探索は『当時をさぐるひとつのツボ』である」**とまとめましょう。

第三のまとまりは方法の意味説明まで（一五〇ページ十行目）とします。内容は**「コルバンによると過去の感性がわかるということは「その時代に生きた人々の〝皮をかぶる〟ことで、テキストに載っていない昔の音や臭《にお》いや好みも人々の経験を構成する要素で、研究する意味がある」**と整理しましょう。最後の四行は大切な内容がないので無視します。

課題文の手短な要約

こうしてみると、課題文は、①ピナゴと呼ばれ無名のままに死んだ木靴職人を外的データを利用して再現した試みである新著、②社会史学者としての著者の傾向、③明文化されない音などを研究する方法、以上の三点が主な内容となっていることがわかります。

これで課題文の内容を手短にまとめられます。①〜③との対応がわかるように、番号と下線をつけておきます。——①社会史学者コルバンは、新著で、十九世紀のフランスに生きた木靴職人ピナゴという、歴史の底に埋もれた無名の人物の歴史を描き、そうした人に個人性を与えられるかどうかを試みた。その調査は外的データを利用してピナゴの生涯の輪郭をさぐったもので、著者はピナゴの主観に立ち入れていない。ピナゴ探索は『当時をさぐるひとつのツボ』だった。②著者によると、この探索は過去の感性をさぐる試みのひとつで、過去の感性がわかるということは「その時代に生きた人々の〝皮をかぶる〟こと」を意味する。③著者はテキストに載っていない昔の音や臭いや好みも人々の経験を構成する要素で、研究する意味があると言う。——

以上の内容をもっと手短にまとめるなら「**感性の歴史を研究する社会史家コルバンは、新著で、ピナゴという歴史の底に埋もれた無名の木靴職人に個人性をあたえられるかどうかを試みた**」となるでしょう。その中心部分がコルバンの「言いたいこと」になります。課題文は冒頭で言いたいことを提示し、それを順次くだいて説明していった文章です。

設問の検討

最後に設問を検討しましょう。まず文面全体を再録します。「傍線部②と関連して、一切の痕跡を残さずに死んでいった普通の人々に個人性を与えるという、コルバンの試みについて、あなたはどう考えますか。賛成または反対の立場から、具体的な理由をあげて一〇〇〇字以内で論述しなさい」です。

この設問の中心は「一切の痕跡を残さずに死んでいった普通の人々に個人性を与えるという、コルバンの試み」です。設問は課題文の核心に焦点を当てています。この点ではこれまでの演習と同じです。「もっとも単純な設問」（九八ページ）と言えそうです。

実際に考えるときには「一切の痕跡を残さずに死んでいった」の処理が大切です。文字どおりに受けとめると調査は不可能です。「ツボ」や「皮をかぶる」をヒントに考えるのはその後です。「個人性を与える試み」自体の意味も、いちど考える必要があります。

「傍線②と関連して」というのは、「何も起こらなかった人の歴史」の研究が、なぜ歴史学への「アンチテーゼ（対立する主張）」になるかを考えなさい、の意味だと受けとれます。この場合には、直前の「歴史学は不幸や苦痛、苦悩を特権視する傾向がある」というコルバンの持論がヒントになります。「アンチテーゼ」に含意されることはあとで検討します。

予備的検討のまとめ

とにかく、設問を大づかみにとらえるなら、主に「ピナゴ探索におけるコルバンの試み」と「傍線部②」を、これまで指摘した点をヒントに考え、それを「賛成または反対の立場から、具体的な理由をあげて」書けばよいわけです。

これまでの設問との違いは、傍線部②との関連、賛成か反対かの立場提示、この二点が加わっていることです。全体として答案を書くときに考慮すべき要素が増えたわけですが、設問が課題文の核心を狙《ねら》っているので、これまでと本質的な違いはありません。

自分が賛成か反対かは、最初に書いても、最後に書いても、どちらでもよいはずです。この要求は論文試験でよく利用されます。パターン化していると言ってもよいほどです。そのために課題文の内容にそぐわない場合もでてきますが、この点はティータイムにまわすことにして、ひと休みしましょう。

ティータイムⅦ〈設問の在り方──その2〉

前の〈ティータイムⅣ〉で、論文試験は、第一に課題文の筆者との対話であり、第二に設問の提示者との対話である、ということをお話ししました。大学の出題する問題の設問には工夫がこらされているということも、その最後のほうでお話ししました。

実際にそのひとつを検討したところ、論述設問は課題文の核心に焦点をあてており、この点ではこれまでの演習と同じでした。課題文の核心である「コルバンの試みについてどう考えるか」という問い方は、「もっとも単純な設問」と言ってよさそうでした。つまり設問自体が課題文の語り手コルバンと対話しなさいと言っているようなもので、この問い方を見るかぎり、出題者はほとんど工夫していないと見ることができます。

論述設問に工夫がはいってきたのは、傍線部②との関連、賛成か反対かの立場提示、この二点が加えられているところでした。そしてもちろん、本書では省略した知識問題があることも、その工夫のひとつと言えるでしょう。

ところが、こうした工夫がはいってきたところで、同時に疑問がわいてきています。なぜ第二の対話者（設問の提示者）は、自分よりも重要な第一の対話相手（課題文）とはかかわりのない設問をつくるのでしょう。「賛成か反対か」の立場は、課題文の内容から直接に生まれてくるかどうかもわからない関係（relevancyがまだ不明）なのに、なぜ最初からこの態度を決定するようにもとめるのでしょう。

こうした疑問は論文試験の在り方と密接にかかわっています。と言うよりも、これはそもそも論文試験がなんであるかにかかわる疑問です。それどころか文章読解の基本にまでかかわる疑問です。それなら、ここでは〈ティータイムⅣ〉を承《う》け、設問の在り方について検討をつづけ、論文試験の性格をさぐることにしましょう。

これはけっこう大きく複雑な問題です。簡単には済みそうにないので、二回にわけて検討します。初回は、工夫がはいってきたところで疑問がわいてきたので、大学はなぜ設問に工夫をこらすか、という点から検討をはじめます。

なぜ設問に工夫をこらすか

この疑問を解く鍵《かぎ》は、やはり対話の第一の相手は課題文の筆者である、という点にあります。その筆者との応答を前面にだすなら、第二の対話者（設問の提示者・出題者）は自分を黒子にして、設問の文面を「次の文章を読んで、考えるところを述べなさい」、などとするのが当然でした。

しかも、この設問は、もっとも単純でありながら、もっともむずかしい設問になるのでした。その理由としてあげられることはすでに何点か述べましたが、ここではもうひとつ、それもおそろしく基本的な理由をあげます。

それは例の「文章を読むことが簡単ではない」です。これはすでに〈ステップ1〉で述べたことです。文章の内容が自分の日常体験の範囲内ならともかく、ふつう論文や現代文の文章はその範囲を超えており、そうなるとどうしてもこの苦労が生じてきます。また生じなければ勉強になりません。文章を読むこと自体が経験の一環をなしていて、自分の視野と理解の幅をひろげなければ、勉強ではないからです。

この苦労があるため、「筆者の言いたいことをつかむ」という文章読解の基本を大学受験までに身につける高校生は、おそらくはとても少ない。残念ながらそれが実情でしょう。これまで四万枚ほどの答案を見てきた経験から、これはほとんど確定的に言えます。そしてまた、私の授業の外の状況を考慮しても、知り合いの大学教員に訊《たず》ねても、どうしてもそう推測せざるをえないようです。

全体としての状況がこのようになっており、そしてわからなくてもよい文章まで出題されるとあって、大多数の受験生は、現代文でも論文でも、筆者の言いたいことをずばり受けとめて考えることが、なかなかできていない。これもまた実情でしょう。

しかしそれができなければ、論述設問でもっとも単純な「次の文章を読んで、考えるところを述べなさい」という設問には、なおさらまともに対応できないでしょう。試験特有の疑心暗鬼と緊張が加わるからです。それで大学の出題者としては手助けする必要を感じ、いろいろ工夫するのだろうと推測しています。

実際、東大の問題でも、設問は「一切の痕跡を残さずに死んでいった普通の人々に個人性を与えるという、コルバンの試みについて」と、課題文の核心にからんだ文面をつくっています。試験でこれが課題文の核心であるとか筆者の言いたいことであると明示するのはやり過ぎだから明示しないだけで、はっきり言ってこれは手助けです。

私の生徒諸君は、当初、こうした設問でも対応できなかったのですから、核心にからむ設問をつくる工夫は、試験における最低限の手助けで、これはやはり必要なのでしょう。「傍線部②と関連して」という文面も、実は、この核心にからんでいるのですが、この点はあとで戦略的検討をするときにはっきりさせます。

「賛成か反対の立場」はなぜ

こうなると、論述設問で疑問がのこっているのは、「賛成または反対の立場から」という要求だけです。ただ、東大の出題した課題文の検討が予備的な段階までしか進んでいない現時点では、なぜこの要求が生まれたのかを、その課題文との関連で考えることはまだできません。ここでは、この種の文面が論文試験でパターン化している、という点にしぼって検討します。

その場合、当然、出題者はなぜ、課題文の内容とは無関係に、このパターン化した文面を設問にいれるのか、と問うことになります。

すると、ここでもまた、文章の基本にからむ点がでてきます。自分で文章を書くとき、なんらかの方向がないと筆が進まない、という点です。「書く方向がわかる」は「なにを書けばよいかがわかる」とほとんど同じです。この点は誰《だれ》にでも覚えがあるでしょう。「筆者の言いたいことをつかむ」が文章読解の基本なら、「なんらかの方向が見えてはじめて文章が書ける」は、論述ないし作文の基礎事実なのです。

この事実があるとき、実際の試験で「次の文章を読んで、考えるところを述べなさい」という設問から、受験生が自分なりの方向を見つけて論述をしあげるということは、ありそうにもない話になります。

二十年以上もまえ、東大が最初におこなった論文試験で、理系英語論文にたいして解答をつくったとき、同僚のひとりが「私でさえこの問題を解くのに六時間かかったんですよ」と言ったことを思いだします。この人は文系と理系の双方にわたって該博な知識と理解をそなえ、英語とドイツ語が堪能《たんのう》で、大学で教えるかたわら、ドイツ語の文献を数多く翻訳していた人です。句読点の清潔な打ち方が印象深かった翻訳をするこの人と仕事をするのは、そのときが初めてだったので、なおさらこのことばが記憶にのこっているのかもしれません。

当時の出題形式は今とちがいますが、設問の文面にいろいろと手助けがなされている点では、今回の問題と同じです。非常勤だが平均的大学教授よりはるかに優れた業績をあげている四十歳代後半の人が制限時間の倍もかけて解いた問題を、十代末の受験生が制限時間内に解くのは不可能でしょう。ましていわんや、もっとも単純な設問から、自分なりの方向を見つけて論述をしあげることは、可能性を考えることさえできそうにありません。

態度決定も手助け

だから出題者は「賛成または反対の立場から」と手助けをするのでしょう。そう推測しています。自分の態度をどちらかに決めれば、文章はかなり書きやすくなります。自分なりの方向づけがしやすくなるからです。

方向づけがしやすくなるのは、自分は賛成だ、自分は反対だ、と自分の態度をあらかじめ決定すると、課題文から賛成するところ（あるいは反対するところ）を探しやすくなるからです。自分の文章の筋道もつくりやすくなります。これは大きな手助けです。

賛否どちらかでという条件で考えられるもうひとつの理由は、世の中には意見が対立する場合が少なくないという現実があることです。これもまた誰もが身に覚えのあることで、その代表的なものが裁判や国会の答弁です。この現実を受けた場合、出題者は社会における対応力をもとめていると考えられてもきますが、実際には、現実によくある対立をモデルにして、自分の文章を書いてごらんなさい、というのが本音なのかもしれません。首尾一貫した文章を書くのは、十八歳の時点では、それほどむずかしい課題なのです。

知識問題は不要

これで論述設問にかかわる疑問は、一応のところ検討し終えたので、のこる疑問は知識問題だけです。これはもう簡単にかたづけましょう。あってもおかしくはないが、要するに不要な問題です。知識ならセンター試験でチェックしています。わざわざ論文試験でまでチェックしなければならない理由はありません。

課題文の内容と関係のない知識を問うということは、やはり、大学（ないし出題者）の不徹底さを物語っているでしょう。この場合の「不徹底」とは「よく考えていない」という意味です。論文試験では、出題する側も、受験する側も、受験者を指導する側も、もっとしっかり考えたいものです。

これで設問の在り方にかんする基礎的な側面は一応検討し終えたと思われます。続きは課題文に戦略的検討をほどこしてからにします。

(2)課題文の戦略的検討

戦略的検討を課題文の全体に適用するときには、まず設問の要求をとらえ、課題文のなかでその中心にからむ部分に着目して、筆者の言いたいことをつかむ、というプロセスをとればよいのでした。

今回の課題文の場合、設問の中心は「一切の痕跡を残さずに死んでいった普通の人々に個人性を与えるという、コルバンの試み」で、それを傍線部②との関連で検討すればよかったのでした。「具体的な理由をあげて」という条件は、課題文の内容を現実のなかで検討していれば、おのずから検討にふくまれてくるので、心配する必要はないでしょう。今回も予備的検討の結果をふりかえることから検討をはじめます。

予備的検討の確認

課題文の主旨の中心部分は「コルバンは、新著で、ピナゴという歴史の底に埋もれた無名の木靴職人に個人性をあたえられるかどうかを試みた」です。この主旨と設問の中心を照らしあわせると、検討の核心が「歴史の底に埋もれた無名の人に個人性をあたえられるかどうかの試み」にあることは、もう火を見るよりも明らかです。

次にこの試みを**目的**と**方法**という観点から見てみましょう。その場合、**目的**は「歴史の底に埋もれた無名の人に個人性をあたえること」で、**方法**は「教区の保存文書や親類縁者などから種々の外的データを集めること」、と整理することができます。

方法について

このように目的と方法という観点を導入したときには、方法について考えておくべきことがあります。「対象と方法と結果とは一体不可分」という点です。たとえば対象を「肉眼では見られない世界」にとるなら、方法として「顕微鏡や望遠鏡の使用」が不可欠になります。その結果が「細菌や月面のクレーターの発見」になるわけです。

それなら、コルバンはピナゴ（目的）が文盲だったから（方法を使う理由）、外的なデータに頼らなければならなかった（方法）、と考えることができます。文字（文書）をのこさなかった人にも厳として経験はあり、その実質は第一に当人が感じたところにあらわれるから

（方法を使う理由）、その実質をさぐるために（目的）テキスト（当人の記した文書）以外のものからも、その感性をさぐろうとした（方法）と受けとめることもできます。

コルバンにとって「感性の歴史」を研究することは、「民衆の社会史を著す」方法になっていたわけです。詳しい検討はあとにしますが、このように整理すると目的と方法が緊密に関連しあっていることがわかります。

着目点の整理

この目的と方法の関係は傍線部②の「アンチテーゼ」にもかかわってきますが、その検討もあとまわしにします。課題文にはいろいろなことがとても多く書かれているので、さらに着眼点を次のように四点立て、そのなかに個々の内容を整理します。検討の筋道に狂いが生じないようにするための用心です。

①ピナゴにかかわる事項（「文盲」と「外的データ」がポイント）
②著者の意図にかかわる事項（「個人性を与える」がポイント）
③社会史家としての著者の傾向と持論（「アンチテーゼ」に関連）

④著者の研究方法（「感性の歴史」がポイント）

では、以上を念頭におきながら、最初に設問に目をくばり、次に課題文を頭から検討してゆきます。前半は①と②が中心になります。後半で④が検討され、最後のほうで③がでてきますが、最後まで一貫して②が論じられます。それがコルバンの言いたいことであると同時に、論題だから、これは当然です。インタビューアーの説明はできるだけ利用しないように配慮しています。コルバン自身のことばから結論を導きたいからです。

以下、例によって、検討の文面が答案の素描になるようにしたいのですが、考えるべき点が多いので、最初は長さを気にせず検討し、次にそれを短縮したものを掲載します。なお、課題文は翻訳なので、日本語で考えるのに不都合な表現が散見されます。しかし、その指摘と修正は本格的検討にまわし、ここでは一切ふれないことにします。

ターゲットの確認

課題文はフランスの社会史学者アラン・コルバンが、新著で十九世紀のフランスに生きたピナゴという木靴職人を取りあげ、「一切の痕跡を残さずに死んでいった普通の人々に、個人性を与えることができるかという問いに答えようとした」試みにかんするインタビュー記事である。この記事はコルバンの持論や感性の研究などへと展開してゆくが、設問自体がこの「コルバンの試みについて」考え論述するようもとめており、その試みがまず考えるべき対象であることは疑いない。

しかしこの試みについて考えようとしたとたん、「一切の痕跡を残さずに死んでいった」という文言が障害になる。この文言を文字どおり受けとめるなら、コルバンは調査の手がかりをなにひとつ得られなかったはずだからである。したがって、この表現はピナゴが文盲だったため自分の言動を文書にのこさなかった、という意味で受けとめなければならない。

事実、コルバンは教区の保存文書や親類縁者への聴取などから、「ピナゴの周辺をあぶりだして」いる。それでも、得られた資料は、ピナゴ自身との関連では、外的なデータにとどまる。当人の語ったことばがまったく残っていないとき、しかも「晩年、請願書に記した十字架の印が、彼の残した唯一の痕跡かもしれ」ず、全資料が当人の個人性と無縁な数字や又聞きに類するとあれば、コルバンが「主観には立ち入れない」と語るのは否応《いやおう》ない。

「主観には立ち入れない」は、「内面を知ることができない」や、「なにを感じ考えていたのかを当人のことばから窺《うかが》い知ることはできない」の意であると受けとめられる。では、ピナゴの主観に立ち入れないときに、コルバンはどのようにしてピナゴに「個人性を与えること」ができたのだろう。

コルバンが「私の試みは……個人性を与えることができるかという問いに答えようとしたもの」と語るとあれば、「個人性を与えること」が新著での目的だったはずである。ところがこの疑問に明示的に答える文面は課題文に見あたらない。コルバンは「当時を探る一つのツボなのです」と語るだけである。「ツボ」は容器であり、この文脈では「当時の状況を明らかにするひとまとまりの資料を容《い》れたもの」と受けとめることができる。しかもその「ツボ」は、その前に「グローバルな意味で当時の農村社会史を描くことでもありません」という断りがあるところから見て、ピナゴの生涯を再現した新著を指す。

この「ツボ」発言は疑問をよびおこす。それは、当のコルバンにとって、「個人性を与えること」と「当時を探る」ことの、どちらが重要なのか、という疑問である。後者が重要なら、ピナゴの個人性は道具になりかねない。目的であるはずの「個人性を与えること」が道具になる、これは本末転倒である。コルバンは「ツボ」発言でまだ充分に自分の意図を言いあらわしていないと受けとめなければならない。

皮をかぶる

さいわいなことに、「個人性を与えること」を理解する手がかりが、もうひとつコルバンによって語られている。「私にとって、過去の感性が『わかる』とは、さまざまなオブジェを見つけ、組み立て、そうやってその時代に生きた人々の〝皮をかぶる〟ことを意味します」である。この発言もまた「ツボ」発言と同じく比喩《ひゆ》であるが、「わかる」を中心にした発言であることは充分に読みとれる。

コルバンはわかりたいのである。ピナゴに「個人性」をあたえようと試みたのだから、できることならその「個人性」をまるごとわかりたい。これは誰の心の奥底にもひそむ欲求である。しかし歴史学で史料となる自筆の文書（テキスト）をピナゴはのこしていない。ピナゴだけでなく、「一切の痕跡を残さずに死んでいった」無名の民衆は、一般にそのようなテキストをのこさない。

それでも彼らが生きていたことには変わりがない。彼らが彼らなりに経験をつんでいったことも変わりがない。それなら、「さまざまなオブジェ」は、経験の実質をしめす資料になり得る。この場合の「オブジェ（objet）」は、わかりやすい日本語なら「もの」である。したがって「その時代の音、におい、人々の好み」もまた、過去の感性がわかるための「さまざまなもの」になる。欧米の場合、感性的資料は一般に客観性に欠けるとみなされるが、それでもそれは人々の経験を示す痕跡にはなる。

コルバンはそうした種々の「もの」を見つけ、組み立てることによって、「その時代に生きた人々の〝皮をかぶる〟」。「皮をかぶる」は、フランス語の原語を想定するところ、「その人のふりをする」や「その人の立場に立つ」とも訳せる熟語かその変形であろう。どのように「組み立てる」のかは語られていないが、コルバンはいろいろの「もの」を組み立てることによってピナゴの「皮」をつくり、その「皮をかぶる」ことで擬似的にピナゴになり、ピナゴの体験を自分の体験にしようとする。

完全にピナゴになれるかどうかはともかく、そしてどれほどの客観性が得られているかは新著を読まないかぎり知るべくもないが、王侯貴族だけでなく民衆もまた生きていたことにはまちがいない。したがって、無名の民衆を数で処理するのではなく、その個人性を尊重しようとするかぎり、コルバンの試みはあってしかるべきである。と言うより、人を人として遇するかぎり、それはなくてはならない努力である。

おそらく、コルバンが「一切の痕跡を残さずに死んでいった普通の人々に、個人性を与えることができるかという問いに答えようと」試みた背後には、社会的身分の如何《いかん》にかかわらず、どの人も人であることには変わりがないという認識があるのではないか。

そうでなければ「歴史学は不幸や苦痛、苦悩を特権視する傾向がある」という持論が不可解になる。人を人として遇しようとする認識と持論とは、政治や経済の動きを第一にとりあつかい、戦争や種々の革命にその記述の多くを割《さ》く一般の歴史にたいする、根本的な抗議をふくんで成りたっていると推測される。

コルバンの試みは肯定されて当然なのである。

戦略的検討をふり返って

以上の戦略的検討は、四〇〇字詰め原稿用紙で二四四三字で、最後に賛成の立場を打ちだしたものです。設問に「賛成または反対の立場から」とあるからといって、文字どおり「賛成」や「反対」と答案に記さなければならない理由はないでしょう。どちらかの立場が鮮明に打ちだされているかぎり、種々の語句をもちいてかまわないと考えられます。

「傍線部②と関連して」という条件には、最後から二番目の段落で対応しています。「具体的な理由をあげて」には、「無名の民衆を数で処理するのではなく、その個人性を尊重しようとするかぎり」で対応しています。

この検討を反対の立場に変えるときには、「完全にその人の立場に立てるかどうかはともかく」のところを、「しかしそうした痕跡をどれだけ集めても、完全にその人の立場には立てず、結果の客観性はさらに疑わしい。したがって歴史の客観性を重視するかぎりコルバンの試みは肯定しがたい」とすれば済みます。

要するに、「賛成または反対の立場から」という条件は実際には不要で、この条件に対応するには課題文をきちんと検討すればよいだけです。今度はこの短縮版を記します。

短縮版

課題文でコルバンは自分の試みが「一切の痕跡を残さずに死んでいった普通の人々に、個人性を与えることができるかという問いに答えようとしたものです」と語る。文字どおり一切の痕跡が残っていなければ調査自体が不可能になるので、痕跡云々は文盲だったピナゴが自分の言動を文書に残さなかったと解そう。そうなると、教区の保存文書などから集めた資料は外的データにとどまり、コルバンはピナゴの主観に「立ち入れない」。個人性をあたえる方法もピナゴとの直接の関連では不明である。試み自体が失敗だったのではないかとさえ想像されてくるが、人を人として遇しないかぎり歴史が意味を失うとあれば、方法に独自の工夫をしたこの試みは肯定するに値する。

コルバンの方法は「皮をかぶる」によく窺える。文中の「ツボ」発言は個人性の賦与《ふよ》と当時の探求のどちらが目的なのかで疑問を呼ぶが、この比喩はそうではない。「さまざまなオブジェを見つけ、組み立て、そうやってその時代に生きた人々の〝皮をかぶる〟こと」が過去の感性が「わかる」ことだと言うとき、彼はピナゴになりかわる方法を語っている。「オブジェ」は要するに「もの」であり、過去の音や臭いや人々の好みも「もの」にはいる。そうしたものは文書をのこさなかった人間でも生きたことを示し、たとえばピナゴの経験の実質をしめす資料にもなり得る。そのようなものをなんらかの方法で組み立て、ピナゴの外皮とでも言えるものをつくるなら、その外皮をまとうことによってピナゴに代わり当時の世界をながめることが可能であろう。その試みがどれほどの客観性を得ているかは新著を読まねばならないが、王侯貴族だけでなく民衆も生きていたことにはまちがいなく、無名の民衆を数で処理するのではなく、その個人性を尊重しようとするかぎり、コルバンの試みは肯定する以外にない。

おそらく、コルバンの試みの背後には、社会的身分の如何にかかわらず、どの人も人であるという認識があるのではないか。そうでなければ「歴史学は不幸や苦痛、苦悩を特権視する傾向がある」という持論が不可解になる。人を人として遇しようとする認識と持論は、政治や経済の動きを第一にあつかい、戦争や種々の革命にその記述の多くを割く一般の歴史にたいする、根本的な抗議をふくんで成りたっていると推測される。コルバンの試みは肯定されて当然なのである。

短縮版について

この短縮版は四〇〇字詰め原稿用紙で九八二字です。戦略的方法とは全体の構成も文面もだいぶちがっていますが、大きな流れは変わりがありません。ここまで短縮すると、ピナゴに個人性をあたえる試みと「皮をかぶる」という比喩との関連、つまり目的と方法の関連がとてもはっきりします。コルバンの試みが実際に成功したかどうかはわからず、その意図と方法しか検討できないことも、より明瞭《めいりょう》になっているでしょう。

要するに、設問の要求にこたえるには、目的は肯定できるか、方法は適切だったか、を論じればよかったのです。そうなると、コルバンの意図を全面的に否定することは不可能なので、「意図はよい、しかし方法が……」とか、「言いたいことはわかる、しかしどうやってそれを実現するのだ」、といった論じ方を利用できることもわかります。これは反対論を展開するときや、留保をつけるときの論じ方です。生活のなかでも、会社のなかでも、政治の世界でも、毎日のように繰りかえされているパターンです。

結局、問題解決型であるかぎり、論文試験もまたこうした「目的と方法の吟味」以外のものではありません。論文の勉強はそのまま社会のなかで利用でき、より有効な考えを生みだすための訓練なのです。

授業では

この東大後期の問題をあつかった時期は、〈ステップ2〉の課題文を授業でとりあげた時期と相前後します。授業中におこなった演習では、皆なかなかうまく書けません。それで、「皮をかぶる」がポイントである、この比喩は〈ステップ1〉の課題文なら「サングラスをかける」に相当する、とヒントをだして宿題にしました。

その結果がどうだったかというと、今回は、いったんの完成と言えた〈ステップ2〉の演習と対照的に、設問の要求に充分に対応した答案が見あたりません。勉強をはじめてから半年後の九月という時点では、やはりまだ過重な課題文だったのでしょう。しかし、相前後して生じたこの「いったんの完成と不充分な対応」には、とても大きな意味がふくまれています。生徒諸君は順調に伸びてきて、自分なりの論じ方を身につけると同時に、その論じ方で対応できないレベルの課題文に直面していたのです。

今回の課題文となったインタビュー記事は、〈ステップ2〉の課題文だった藤木さんの文章より構成が複雑で、内容も多い。そのため論述の筋道が複雑になります。このようなときには、自分なりに身につけた論の作り方を修正して、もっと複雑な筋道を組めるよう、あらためて練習しなければなりません。

これが実は論文の勉強が一般にたどるプロセスで、この勉強には一直線の進歩というものがありません。前回より設問への対応が不充分なのに、生徒諸君が順調に伸びていると言えるのもそのためです。この勉強の進度をグラフで示すと段状になります。ちっとも伸びないと思う時期がしばらく続いたあと、ある日突然うまく書けた答案ができあがり、それからまたしばらく足踏みをする、このくり返しになるわけです。

一段のぼると、その分だけ下を見おろすことができ、ああそうだったのか、とわかるところがあります。生徒諸君のほとんどは二階まではのぼったと言えるでしょう。入試の合否ラインは大学が決めることですが、それが三階にあるとは思えないというのが実情です。以下、修正しては作るというプロセスの途上にある生徒諸君の状態を、実際に見てみましょう。紙数の都合もあるので、その一部を部分的に紹介するだけにとどめます。

D君の答案

まずD君の答案です。この答案の掲載はひかえますが、D君は「私は賛成である。以下に理由を示す」と書いて第一段落を終え、第二段落を「学生が勉強している歴史では社会の変革が歴史的に重要事項となっているが、コルバンの試みは平凡な人の一生を歴史として認識することで、歴史学の中では存在しない人に光を与えることになったと思う」という趣旨を展開しています。

その答案は実は演習中に書いたものです。英語のディベートでよく使われる"I agree."を利用していると思われ、その点が参考になるので取りあげてみました。この形式は四〇〇字くらいで簡潔に自分の意見を提示するときには有効です。しかし構成が単純なので、綿密な検討はやりにくい。それが欠点です。第三段落は「第二の理由として」で中断です。構成が単純なため、検討を誘うことばが出てこなかったのかもしれません。

E君の答案

次はE君の答案を見てみます。これも賛成の立場から書かれています。第一段落だけを引用します。

コルバン氏がメーンストリームの社会史、歴史学に対してアンチテーゼを掲げる背景には、そうした社会史、歴史の多くが、手紙や日記、回顧録など自ら記録を残そうとした人々の記述や、罪を犯したり革命に加担したりした人々ばかりに焦点を当てているという現状がある。これでは、一切の痕跡も残さずに死んでいった普通の人々は歴史の底に埋もれてしまう①のである。②これは、社会史、歴史が不幸や苦痛、苦悩を特権視するという独自の価値観をもって人の人生の軽重を③勝手に判断していることに他ならない。

軽くコメントします。①は不要。まだ「のである」と自分の判断を強調する段階ではありません。②は指示対象がぼやけています。③は行きすぎ。多数の人々の人生を左右する政治経済の大きな動きを軽視することはできません。その動きを代表する人物をとおして歴史を叙述することは「勝手な判断」になりません。よく答案に見かけられる行きすぎです。

他の生徒はどうかというと、F君はあいかわらず推測だけで書き、その根拠を提示しないでいます。注意事項(B)「**課題文からはなれ、自分の頭だけで考えることをしない**」をまだ自分の考えるプロセスに組みこめていないのです。「推測だけ」はかなり根深い傾向で、課題文を読んで得た一応の理解を、いつもの自分の考えで処理しないと気が済まない。それで結果的に考えるプロセスが課題文からはなれてしまう。F君がこの傾向から抜けだすまでにはもっと時間と訓練が必要で、大学で良師にめぐりあえることを期待したいものです。

他には、インタビューアーのことばに依存しすぎたために、コルバンの方法をうまく論じられなかったG君や、コルバンは自分の生活体験から想像できることしか扱っていないだろう、と考察が不充分なことを示したH君などもいます。どの答案も、もっと検討すれば違った結論がでてくるのに、と思える書きぶりです。

この時期には、前に述べた「いったんの完成と不充分な検討」に加え、書く内容が深くなると、それをささえる枠組をつくれずに破綻《はたん》する、逆に形式をととのえると、内容が浅くなる、というジレンマのなかで生徒諸君は勉強をつづけます。自分の感じ考えたことを盛りこめる自分なりの論じ方や枠組を工夫するのに苦労する時期にはいったのです。

I君の答案

その好例と言えるのがI君です。I君は感性の研究がコルバンの目的であると受けとってしまったため、論述に大きな狂いが生じましたが、それにはそれなりの理由があるでしょう。コルバンは、「個人性を与える」とは語るけれども、ひとりの人間としてピナゴにむきあうとは言っていない。藤木さんとちがって、常に歴史家ないし社会史家としてしか語っていない。そのため、コルバンのことばを読んでいると、ピナゴは事例研究と見えてくる。だから感性の研究を目的と受けとってしまったのでしょう。

この点では大きな失敗をしているわけですが、途中でとてもおもしろいことを書いています。コルバンが民衆の社会史を著そうとしたことはよい、歴史の外に埋もれてしまう無名の人物に注目したのもよい、しかし過去の人々の「皮」は完全にはかぶれないだろうし、一般的な「過去の感性」も完全には導きだせそうにない、それなら無名の人物の皮をかぶらねばならない理由はあまりなさそうである、と展開したあとです。次のように記します。

①そのようなわけで私は、例えばピナゴのような人物が歴史の表舞台へ出ず、ただの一

般大衆として一生を終えるというその姿にこそ歴史本来の自然さを感じる。確かに歴史は誤っているより正しい方が断然良いわけで、そのヒントをピナゴから得られるのならば一般大衆に注目する価値は充分にある。しかしその材料として研究された途端、ピナゴは一般大衆とは異なるカテゴリーの人物となり、また、ピナゴのような人物を一人調べようとも百人調べようとも、完全な〝皮〟をつくることはできない。そうであれば、わざわざ一般大衆を引きだす必要性はあるのか、と考える。

厄介な発言

傍線①のところが肝心な部分です。その後はこの部分の意味を充分に説明するものになっていません。それで、授業での話し合いのとき、この文を記した意図をたずねると、無名のまま歴史の底に埋もれてしまった人はそのままそっとしておいてあげたほうがよいのではないか、というつもりだったとのことです。

なんとも厄介な発言です。

I君が目的と方法をとり違えたのは、歴史家の道具になるよりは無名のままに、という反発のせいかもしれません。それなら反発自体が個人性をかけがえのないものと見るI君の価値観を示唆していますが、I君の意図には、自分がピナゴのように調べられたら、という疑問も読みとれるでしょう。

その疑問をコルバンにむけるなら、未来の誰かに調べられる可能性を考慮しても、なおコルバンは「皮をかぶる」と言うだろうか、という疑問になってきます。

この疑問は、自分はどうなのだ？ という問いかけです。自分のことを棚上げし、学問という皮をかぶる人にたいする痛烈な批判です。当然、人をまともに扱えないなら、感性の研究といった、口はばったいことを言うべきではない、という不信と抗議をふくみます。

同じ矢が、ではなぜ君は勉強するのか、とI君自身にもむかうことは言うまでもありませんが、コルバンは個人としての立場を前面にださない。学者としての立場をくずさない。この点を考えながら課題文をながめていると、コルバンとインタビューアーの語り口の微妙な違いが気になります。コルバンにはコルバンなりの答えが用意されているようです。

授業での配布プリント

しかしこれ以上の検討は本格的検討にまわしましょう。ここでは、I君の論述と発言には、大きく伸びる芽がふくまれていることを指摘するだけにとどめ、最後に授業で配布したプリントから一部を引用することで、この「⑵課題文の戦略的検討」を終えることにします。これは論文試験で答案を書くときに必要な事柄と、今回の東大後期の問題にたいする対処方法を記したものです。

一．論文のスタイル

要求字数が一〇〇〇～一二〇〇字になると、論文としてしっかりした構成を取ることが可能になり、また堅固な構成を取らなければならなくなります。そのときの構成として必要な点を以下に箇条書きで記します。

①少なくとも三段落から構成する。
②第一段落は論全体の素描になるもので、作るときにもっとも注意が必要である。
③第二段落は課題文の内容を検討する部分で、必要に応じて二～三段落にわける。
④最終段落は結論部。

二．第一段落

以下、各段落の作り方をもう少し詳しく述べます。

まず自分は課題文を的確に理解したことを示す必要があります。そのためにもっとも簡単な方法は課題文の要旨を書くことです。次いで問題点を指摘し、その問題点にたいする自分なりの見通しを提示して段落を終える。これで第一段落は一応の仕上がりになるでしょう。

三．第二段落

よく第二段落で課題文から離れた考察をはじめる人がいます。これは勧められません。必ずと言ってよいほど、課題文の内容とずれるからです。第二段落は課題文の内容を検討する段落で、第一段落で問題として指摘した箇所を取りあげ、あらためて課題文の内容にそくしてその箇所を検討する必要があります。なぜそれが問題点なのか、どこに欠点があるか、どうすべきだったか等々、を検討しながら、自分の見解を展開する段落です。

四．第三段落（最終段落）

第二段落の検討が充分であれば、この段落を書くことには、何の苦労もないはずです。設問の要求におうじた文面にすることを忘れなければ、論文は完成です。

以下は省略しますが、短縮版はこのプリントの内容を考慮してつくってあります。

ティータイムⅧ〈設問の在り方――その３〉

設問の在り方についての検討をつづけます。のこっていた問題は実質的に東大が出題した問題の設問の文面を検討することだけだったので、ここでは生徒諸君が書いた答案で気づいたことから、お話ししましょう。

とてもおもしろいことに、賛成か反対を明示したのはＤ君だけで、他の人はすべて課題文を検討して得られた自分なりの結論を記し、それで論述を終えていたのです。Ｄ君の論述は英語のディベート形式を利用したと想定されるので、その答案を除外すると、明示は皆無になります。

理由はいろいろに考えられます。

それまでの演習が課題文の検討を第一にしていたことは理由のひとつになります。その設問がすべて単純な文面だったことも理由になるでしょう。以上の場合には慣れた形式で書いてしまったから明示が皆無になったということになります。

さらに考えるなら、授業で生徒諸君が本番の問題にむかったのはこれがはじめてで、出題者が趣旨文や設問の文面にこめた意図を読みとれなかった可能性を指摘することができます。私が設問の文面に注意するようにあらかじめ伝えていなかったことも影響しているかもしれません。

明示は不可欠か

それでも、たとえば、「コルバンの、一切の痕跡を残さずに死んでいった普通の人々に個人性を与える、という試みは、我々ひとり一人の『生』の尊重に繋《つな》がると考える」と書きはじめ、「そしてそれは、今まで無き者とされてきた、彼の生きた証《あかし》となり、人間一人ひとりの『生』を尊重する象徴となる」で終わったJ君の答案は、明らかに賛成の立場から書かれています。

同様のことは、「コルバンの試みは、ピナゴという平凡な人間を選択し、彼の歴史をつづるということであるが、果たしてこのことに意味はあるのだろうか」と疑問を呈して課題文の検討をはじめ、「……そのような点では、コルバンの試みは意味のあるものだったと言えるのではないだろうか」で終わったK君の答案にも言えます。

明らかにどちらも賛成の立場から書かれています。あるいは賛成の立場をふくんで書かれています。「賛成または反対の立場から」を明示することが不可欠なら、どちらの答案も最後に「だからコルバンの試みには賛成する」とつけ加えれば済みます。それでも立場の明示が不可欠だというなら、論文試験の論文というものはなんとも杓子定規《しゃくしじょうぎ》なものだという感想がかえってくるでしょう。

明示は不可欠

この感想は当然です。それでも明示は不可欠だと考えておくほうがよいと考えられます。その理由を三点あげましょう。

第一は、賛成か反対かの立場を明示しておかないと、明示していないから曖昧《あいまい》な論だ、と言われかねないことです。これは世間のなかでの言い争いを想《おも》いうかべれば、すぐ見当がつくでしょう。

第二は、ああだこうだと考えているだけでは、事態がいっこうに改善されず、どちらかに決めなければならない、という現実があることです。この現実を考慮するとき、考えられることを考えたというだけでは不充分で、その結果としてどんな行動が必要なのかを打ちだすところまで進む必要があります。たとえばコルバンの方法に反対するなら、オブジェを組み立てる方法を具体的に説明し、それが自分の感性だけに依存しているわけではないことを明示すべきである、とコルバンにさらに必要なことを述べるのです。これは問題解決型の文章だからもとめられる点です。

第三は、本番の試験で答案に推定される状況で、これはすでに述べたことです。大学の出題者や採点者は、おそらく、筆者の言いたいことが明確につかめていなかったり、ピントを外していたりするだけでなく、態度が不明確なために結論をうまくだせないで終わっている答案を数多く目にしているでしょう。そのような論述を高く評価することはできず、落胆する一方だから設問の文面を工夫しているのでしょう。それなら、やはり、少なくとも賛成か反対かは明示してほしいだろうと推測されます。

そもそも、戦略的検討の結果、「賛成または反対の立場から」という条件は、不要とみなしてよかったのでした。それに、本書が基本方針とした点で、修正すべきことはなにひとつありません。それなら、課題文をしっかり検討していない答案が数多いから、この条件がだされていると考えてよいわけです。出題者の工夫にこたえるためにも、「賛成または反対かの立場から」という求めに応じ、その立場を明示するよう心がけましょう。

それがコミュニケーション上の礼儀だと考えれば、杓子定規どうのこうのと言う必要もなくなります。論文もまた広く見ればコミュニケーションのひとつだったのですから、ここではこのように考えることにしましょう。

(3) 課題文の本格的検討

課題文の本格的な検討もこれが最後です。まず趣旨文と設問の検討でわかったことを確認してから、課題文の検討にはいることにします。

趣旨文と設問の確認

最初は趣旨文です。「**次の文章は**……新著における**歴史記述の方法論を中心に行った**、インタビュー記事である」という文で、ゴシックの部分に注意しましょう。この部分は課題文が歴史記述の方法論を語った文章であることをはっきり伝えています。他方、設問の中心は、課題文の三行目からはじまるコルバンのことばを利用して「一切の痕跡を残さずに死んでいった普通の人々に個人性を与えるという、コルバンの試み」とまとめられた部分にあり、この試みについて考えることをもとめています。

以上の二点から、今回は個人性の賦与という目的とその方法を検討すればよい、ということがわかったのでした。実際に検討するときには、傍線部②との関連を考慮し、なおかつ具体的な理由をあげ、賛成か反対かの立場を打ちださなければならないので、論じ方が複雑になってもいました。

しかし、その論じ方を知るためには、課題文を検討すればよいのですから、最初のまとまり（第一段落）から検討してゆきます。すでに戦略的検討であつかった部分は軽く触れるだけにするか、省略します。重複をさけるためです。

第一段落

このインタビューは有名なコルバンが新著をだしたというのでおこなわれたのでしょう。最初の二行はその新著の題名と内容の簡潔な説明です。次の二行はコルバンが新著で試みた意図を説明したものです。おそらく実際のインタビューでは、はじめに両者の挨拶《あいさつ》や自己紹介などがあり、それから、この新著でなにを書こうとしたのですか、といった風にインタビューアーが訊ねたのでしょう。答えとなるこの二行が新著でコルバンの言いたいことだということは明らかです。

その二行で気になるのは「個人性を与える」です。「個人性」は詮索《せんさく》せずに「ひとりの人間であること」と受けとめることにしますが、「与える」は一考する必要があります。

　これは原語をよくある訳語で訳したもので、欧米語の書きことばで一般にもちいられる慣用表現なのかもしれません。欧米の学者がもちいる言いまわしとして、別に奇異に響くわけでもありません。しかし、日本語を母語とする人なら、このような言いまわしは用いないでしょうし、用いることもできないでしょう。ある人が別の人に個人性を与えることなどできない、と直感的に感じられ、こうした表現は避けると思われます。

違和感

　ところがコルバンは「個人性を与える」と語ります。学者として慣用になっている言いまわしだから、なんの抵抗も感じていなかったのかもしれません。しかし、聞きようによってはすごく偉ぶったこの言いまわしがのっけからでてくる課題文に、I君は無自覚にもなんとはない違和感を感じ、それが課題文を読みすすめているうちに徐々に積もり積もって、コルバンの試みにたいする否定的な見解となっていったのかもしれません。

　これまでの検討ではコルバンのことばをそのまま受けいれ、それを簡略化して「個人性の賦与」とも記しましたが、実際にはこれも違和感をもたらす表現です。学者としてのコルバンの慣れを考慮にいれても、やはり「個人性を与える」は違和感がのこります。日本語では「ピナゴの生涯を描く」と記すほうが無理のない表現です。強いて「与える」に近い表現を選ぶなら「その生涯を再現する」となるでしょう。

この違和感は直後の「社会史の多くは……自ら記録を残そうとした人々の記述や……裁判記録を材料にしています。しかし彼らは一般大衆とは異なるカテゴリーの人たちです。本当の意味で民衆の社会史を著すことにはなりません」という説明でも消えません。

四行にわたるこの意図の説明には、社会史家としてのコルバンの抱負が窺えますが、違和感のほうは消えないままに、インタビューアーがその意図を要約した文と、コルバンの経歴と歴史家としての立場を説明した文で、最初のまとまりは終わります。

このまとまりのなかでは、「自ら記録を残そうとした人々」という部分が、ピナゴとの関連で、示唆するところ大です。これで「一切の痕跡を残さず」がピナゴの文盲を意味することが見えてきます。この点は次のまとまりではっきりしますが、「痕跡」は実際には文字や文書を意味しているわけです。

この点がわかれば「本当の民衆の社会史を著すことにはならない」の意味もはっきりします。この「民衆」は歴史の研究で基礎となる文書（テキスト）をのこさなかった人々を意味しており、そのひとりとしてピナゴが選ばれていたわけです。

アナール学派その他の説明は、ピナゴとの関連からはずれるので省略しますが、これで著者と新著について一応のアウトラインが得られたと言えるでしょう。インタビューアーのまとめた「話題にならず、罪も犯さず、歴史の底に埋もれてしまう無名の人物の歴史を書きたかった」は、違和感が解消されていないという点をのぞくなら、納得のゆく文です。

第二段落

第二のまとまりはコルバンがどのようにしてピナゴを選び調査したかを、コルバンの発言も利用しながら、説明した部分です。この部分ではまず「無作為に」に注目する必要があります。これはコルバンが自分の恣意性《しいせい》を排除したことを意味します。ここで恣意性の排除に触れていることは、当然、そのあとの調査や著述でも、コルバンが恣意性の排除につとめたことを示唆するでしょう。

「ツボ」

しかし調査結果はすべてピナゴの内面との関連では外的なデータにとどまり、コルバンは

「主観には立ち入れない」のでした。この点は検討したので触れないことにし、ここでは「一つのツボ」を取りあげます。これにも翻訳がかかわっています。

日本語に「思うツボ」や「話のツボ」という言いまわしがあります。「ツボにはまる」と言うときもあります。しかし、そのような言いまわしをもちいるとき、「一つのツボ」とは言いません。これはやはりフランス語の発言をそのまま翻訳したのでしょう。しかし原語と想定されるフランス語の単語には、日本語の言いまわしがもつ「ずぼし」や「急所」の意味はありません。

やはり「ツボ」は「容器」と受けとめるのが無理のない理解です。比喩なのでそのまま「ツボ」と訳したのでしょうが、「一つの」を入れるなら「壺《つぼ》」とするほうが、意味がはっきりしたでしょう。なにが「ツボ」なのか、主語が記されていないことも即座の理解をそこねています。翻訳の面倒なところです。

翻訳に触れたついでに、「アンチテーゼ」も説明しておきましょう。これはドイツ語の発音をカタカナで記したもので、「テーゼ」の対立語です。「テーゼ」は元々は議論や活動のために「据えたもの・打ちだしたもの」の意味です。だから「アンチテーゼ」は最初に打ちだされた見解や主張や立場に「対立して（アンチ）」打ちだされる見解などを指します。

二重のアンチテーゼ

それならコルバンの仕事は二重にアンチテーゼになっています。第一に歴史学がふつう利用するテキストに依存しない方法の点で。第二に「何も起こらなかった人の歴史」をとりあげる内容の点で。後者はカギ括弧がついているので、コルバンのことばでしょうが、これがアンチテーゼになる理由は、直前の「歴史学は不幸や苦痛、苦悩を特権視する傾向がある」というコルバンの持論に明らかです。

持論はコルバンが学者らしく充分な配慮のもとに述べていると想定されるので、読者は一読して脳裏に喚起されることがありますが、具体的に考えようとすると、うまく考えられません。主語が「歴史学」になっていることも一般の読者に距離を感じさせます。

しかしこの持論は、砕くなら、「一国の歴史、一民族の歴史は、英雄と賢者と聖人によって作られたかのように教えられた。教えられ、そう信じ己を律して暮らしてきたが……だが待て、それは間違っていなかったか。野心と打算と怯懦《きょうだ》と誤解と無知と惰性によって作られることはなかったか」（石光真清《いしみつまきよ》著『誰のために』中公文庫）となる可能性はあるでしょう。野心や打算は不幸や苦悩の裏面だったかもしれないのです。

これは単なる可能性として指摘するだけにしますが、社会の大多数を構成する人々を数で処理したり、その他大勢としてあつかう歴史に納得しがたい点があることは否めません。この第二のまとまりはコルバンの持論と学者としての傾向を説明しておわっていますが、それならなおさら、コルバンが「一切の痕跡を残さずに死んでいった普通の人々」の歴史を再建するとき、具体的にどのような方法をもちいたのか、説明が必要になってきます。

第三段落

「感性の歴史」の説明に目をむけましょう。インタビューアーはコルバンを紹介する発言のまえに、「同時代の人々の感性ですら『わからない』ことが多いのに」と記します。このことばは、そうですよね、と読者の同意をうながすと同時に、ではコルバンはどう説明するのだろうか、という疑問を読者にいだかせる役割をはたしています。

この書き方は通念にうったえる書き方にもなっています。おそらく実際のインタビューでも、同じような疑問を発して説明をうながしたのでしょうが、「『においの歴史』では」云々の説明もまた、通念にうったえている点では同じです。

都市における糞尿の処理がひどかったことはよく知られた話で、臭いは人による違いをあまり考慮する必要がなく、これもわかりやすい話です。インタビュー記事なので、世評を利用しながら、読者の受けとめやすいレベルに話の基盤を設定したのでしょう。

コルバンの説明だけが手がかり

しかし、どちらも、個別の存在であるピナゴの生涯を再現する方法については、触れるところ皆無です。これが難点です。調査方法の説明でも、得られたデータが外的だという指摘はありませんでした。このインタビュー記事では実質的にコルバン自身の説明だけが彼の意図や苦労を伝えています。ジャーナリストの説明と学者の発言のあいだに、はじめからズレがあり、それが最後までのこっているわけです。この点を確認して、あらためて「皮をかぶる」をながめてみます。

これも比喩です。複雑な内容や読んでみなければわからない内容を、わかりやすく説明するとき、比喩はとても役立ちます。肝心なところで比喩をもちいるとあれば、感性の研究の実態は比喩でなければ簡単には伝えられなかったのかもしれません。

その説明の核心となる「皮」は、おそらく、英語のskinに当たる日常語でしょう。英語で under the skin と言えば「本心は」の意味です。インタビューアーは「皮をかぶる」と比喩のまま訳すほうが読者の注意をひくからそう訳しただけで、「その人のふりをする」や「その人になったつもりになる」と訳してもよかったと推定されます。

おもしろいことに、村上春樹のインタビュー集に、「物語を体験するというのは、他人の靴に足を入れることです」という説明があります。「別の可能性の衣をまとってみるのです」とも説明しています（『夢を見るために毎朝僕は目覚めるのです』二〇一〇年、文藝春秋）。どちらの状態も、読者が登場人物になったつもりで小説を読んでいる状態でもあるでしょう。「皮をかぶる」は誰もがやっていることで、その意味は明瞭にすぎるほどです。

コルバンの説明で問題になることは比喩や翻訳を超えたところにあります。「過去の感性が『わかる』とは、さまざまなオブジェを見つけ、組み立て、そうやってその時代に生きた人々の〝皮をかぶる〟ことを意味します」という説明が、過去の感性を「わかる」ことがどこまで可能なのか、という疑問をよびおこすからです。感性という人によって質的な差が大きいものを利用して、どこまで客観性が得られるのか、という疑問にもなります。

どちらの疑問も生まれて当然の疑問です。Ｉ君は、この疑問が生まれて、初めてはっきり自分の違和感に気づいたようでもあります。その違和感を極端に言いあらわすなら、個人性をよみがえらせようとする試みが、当の個人性を踏みにじるのではないか、という危惧《きぐ》になります。ピナゴは個別の存在であり、一般的な説明だけではどうしても舌足らずになるので、インタビューアーには、わかりやすい具体的な例をもちいて、基本的な人間観をコルバンの口から引きだす質問をしてほしかったところです。

その基本的な人間観が具体的にわかれば、危惧はかなり解消していたでしょう。自分が人間をどう見ているかを自覚していなければ、歴史研究がそもそも成りたたないので、コルバンには一般的に「民衆の社会史」と語るだけでなく、自分なりの人間観を具体的に説明する用意があったはずです。

その試みでコルバンは「わかる」ことを中心に据える。この事実は、個人性を再現しようとする試みが、自分は他の人がどれだけわかっているのかという自問自答を常にくりかえしていなければ成りたたない活動であることを物語っているでしょう。疑問があるから試みに反対するというのは消極的にすぎます。

経験

ここでは「書かれていないからといって、人々が経験していなかったと言えるのでしょうか」と語るコルバンの発言に耳を貸すべきです。コルバンは明らかに経験の世界のなかで

「わかる」という活動を中心に据えている。万人と同じ世界に立って、わかろうとしているのです。一回のインタビューで語られた内容として、この記事にはコルバンのことばが少なすぎると感じられますが、実際に記事に書かれている発言からでも、ここまでは語ることができます。

それなら、ピナゴの生涯を再現すべく原稿を書いていたコルバンに、当時の光景がどのように見えていたのか、大学と自宅を往復するコルバンの目に、街ゆく人々がどう見えていたのか……。客観性を第一に重んじる歴史であっても、こうした想像力を無視することはできません。想像力をもちいないかぎり、人の姿を再現することはできないからです。感性を研究する実際の方法も、このように人の姿を眺める視野を基盤とし、他にも可能なさまざまな視野をとりこんだところで編みだされていたのでしょう。

例の違和感はなお完全には解消されてはいませんが、万人と同じ世界に立つコルバンにその想像力をおよぼすとき、その目に、「国籍が違っても階級が違っても、人間の生活感情や思想は互いに共通する部分の方が、相違する部分より遙かに多いのに、相違点を誇大に強調して対立抗争している」(石光前著)、と世の姿が映っていた可能性もまた捨てられません。

対立抗争が世の習いであることが事実なら、このように世の中を見る力が人間にそなわっていることも事実です。双方の事実は、設問が「賛成または反対の立場から」と条件をつける必要性を肯定すると同時に、個々人がその条件を踏まえ、それを超えて生きることが可能であることをも示唆しています。

論文試験とその勉強がむかうところも、それと異なるところではないでしょう。

ティータイムⅨ〈「論文は対話である」の実践〉

最後の演習がおわったところで、ほんとうにお茶を一杯です。〈ステップ3〉を書いているうちにどうしてもコルバンの新著が読みたくなってきたので、フランスから原書をとりよせてみました。ここではその内容からお話しします。

原書を読んで

結論から言うと、やはりプロの仕事です。本文はピナゴの生活が依存した森を叙述することからはじまります。その森がどんな森だったか、歴史的にどう変化していったか、こうした内容を明らかにするのに、コルバンは一章を割いています。ピナゴが自分をどうとらえていたかを明らかにしようとするときにも、その地方の人々の生活から少しずつ割りだしていこうとします。ピナゴをとりまく環境世界から着手し、多数の人々に共通する枠をいくつも用意し、それを順次ピナゴに適用しながら、徐々に中心人物であるピナゴに迫ろうという、非常にオーソドックスな手法です。

小説ではないので、ワクワクするような記述はありませんが、落ちついてじっくり読んでいくと、ピナゴの人物像がおぼろげながら浮かんできます。コルバンが自分の私的な感性だけを頼りに再現しようとしていたわけではないことも、はっきりしてきます。ピナゴのように極貧の生活をおくった人の生涯を描くときには、できるだけその傍らに寄りそおうとしなければならなかったことも伝わってきます。

可能なかぎり推測を排除し、事実をつみかさねてゆくところを見ると、不信の目をむけられやすい感性をあえて研究対象にするコルバンは、自分の方法を、長年の試行錯誤をとおして、自覚的にあみだしていったのだろうとも推測されます。プロの研究者なら、それが当然でもあるでしょう。

文章を書くこと

歴史家は自分が調べた結果を事実として提示します。提示された個々の事実の背後にどれだけ多くの史料があるかは、素人《しろうと》の考えおよばないところです。この新著で、その素人もかぶれる「皮」を自覚的に提示していたとするなら、それは文章を書く者としての自覚がコルバンに充分にそなわっていたことを意味します。非常に単純で、誰もがわかっていることを、自分の仕事の条件として踏まえることです。一言でいうと自分の理解が変わるのを受けいれることです。

誰でも、ある時、あるところに、ひとりの人間として存在し、その場から自分の生きる世界をながめています。他の人が全面的にその場に立つことはできません。その自分も五年、十年と経《た》つうちに変化し、その変化とともに自分の全般的な理解が変わってきます。この変化は自分の生きる世界のなかで占める自分の位置が変わり、そのため周囲の世界をながめる基盤自体が変わることをふくんで成りたっています。

しかも、ある対象について考えるときには、考える前と、実際に考えている最中と、考え終わったあとでは、対象との関係が変わり、それに応じて理解も変化します。同じ対象に同じ態度で接することは、二度とできません。一度書いた文章は二度と書けないのです。

こうした種々の変化が文章を書くときの基礎的な条件です。この条件のもとでコルバンは民衆の社会史を著す。根本的な矛盾をはらみながら、過去を定着させようとする。しかも民衆が対象とあれば、多数の人々の生活をとりあげなければならず、個々の人々からはその一面を切りとらざるを得ない。それなら、その切りとる作業を続けているとき、自分は本当に人を人として遇しているだろうかという念がコルバンのなかには強まってはいなかっただろうか、いつかはひとりの人間に立ちむかわなければならないという念がしだいに強く自覚されるようにはならなかっただろうか。このような疑問がわいてきます。

もしこの疑問が正当なら、I君の指摘はコルバンの仕事にたいする試金石になるところで「論文は対話である」を実践しており、著者と読者は深いところで対話していたことになるでしょう。

あとがき

本書は、前著『深く「読む」技術』（ちくま学芸文庫）の読者からよせられた、自分たちは本の読み方を学んでいない、という声に応《こた》えるために書かれたものです。

非常に多くの人が本の読み方を学んでいない、あるいは一から学びなおしたいと言う。その原因のひとつは、明らかに、そしてすでに本文で述べたように、要約の訓練ひとつまともにやっていない国語教育にあります。

しかしこの問題は根が深い。国語の先生でも説明できない文章がごく当たりまえに入試にでることも原因のひとつです。マークシートで解答するだけのセンター試験は、高校におけるカリキュラムの習得度を見る試験だから、高校一年から科目ごとに受験できるようにすれば、それだけ高校でじっくり考えながら文章を読む余裕が生まれるのに、そのセンター試験が受験の大きな山になっていることも、原因に数えられます。

他にも原因はいろいろと指摘することができますが、こうした制度教育のなかで、まともに文章とむきあうこともなく大学にはいり、ほとんどそのまま実社会にでるから、受験でとり組んだ現代文の問題は今でも解ける気がしない、という声が社会人から聞こえてくることにもなるのでしょう。

とても残念な現状です。しかも国語の勉強が全体としてこんな状況になっているので、その勉強で本来身につけるはずの「文章を読み書きする能力」は、今ではむしろ論文の勉強が引きうけて養成しているようなものです。ところが論文の授業が実際にどうおこなわれているかを知っている人は意外に少ない。その勉強でなにが身につくかを知っている人はさらに少ない。それで、百聞は一見に如《し》かずとばかり、私が担当している論文の授業の現場を紙上に再現し、そこで話していることをそのまま本にすることにしました。

書きあげた原稿を見ると、書いたのは生徒諸君ではないかと思えるほどです。締め括《くく》りとなる〈ティータイムⅨ〉の最後は、I君の答案がなければ、まったく別のものになっていたでしょう。他の生徒諸君の答案も書くべき個々の内容によく対応し、本書に実質をあたえています。その内容の進展にそってもっとも成果をあげた生徒は、答案は収録できませんでしたが、L君でしょう。春にはわずか数行しか書けず、最初と最後が矛盾していることにも気づかなかったL君は、秋の最後の授業でもっともよく書けた答案を仕上げています。

このように、生徒諸君が春のよちよち歩きの段階から、文章をよく理解し、よく書けるようになったこと、これが授業と並行して原稿を書いていてなにより嬉《うれ》しかったことです。頭が麻痺《まひ》したように動かなかったM君も、文章がながれてきています。来年になると、前はあんな文章を書いてたんだ、と言うようになっているでしょう。授業は生徒のためにあるのですからそれで当然ですが、これなら読者にも役立つ内容になったのではないかと思えるほど生徒諸君が進歩してくれたことは教師冥利《みょうり》に尽きます。

本文を書き終えた今、気になることは、生徒諸君のこれからの一、二年です。学生たちを多数見てきた経験から、大学へ進学してからの一、二年の過ごし方が決定的に大切なことを痛感しているからです。

本来なら、大学でも、課題文を検討すればおのずから書くべきことが生まれる、という原則を継続すればよいだけなのですが、大学進学後もこの原則を維持することが、現状では意外にむずかしい。その理由としては、まず、教員が話す一方になっている、大学での授業形式が挙げられます。毎週書く機会がないということも理由のひとつになります。最初の二年が基礎的勉強で、後の二年が専門の勉強という分け方が、合理的なようで、実際にはあまり機能していないことも理由になります。

本書で生徒諸君が実践した「課題文を検討すればおのずから書くべきことが生まれる」と

いう原則は、高等普通教育（英語の liberal education の翻訳）と言われ、日本では最初の二年間をすごす教養部でうける教育の原則だったと言ってもよいものです。しかしこの原則の実態は見えにくい。教員にもその実態がよく見えなかったため、原則自体がうやむやのまま忘れさられてしまったことも理由になります。原則の実態が見えにくい理由は後で説明しますが、この原則が失われてしまった結果がどうなっているかを示してみましょう。

たとえば、法科大学院にすすむための試験には論文がふくまれていますが、その訓練を受けている人のなかに白紙の答案をだす人がいます。これは極端な例に思えるかもしれませんが、必ずしもそうではありません。ある大学のある学科で卒論の発表会があったとき、全部で三十数名の学生のうち、一名をのぞき、他の全員が本で調べた結果を発表しただけだったということです。別の大学のある学科の修士論文発表会でも、同様に調べた結果が発表されただけだったと言います。

どの事例も、「最初のころの調べたことをただ書きうつすことしかできない段階」（十四ページ）と言ってよく、自分が感じ考えることを組織する訓練をつまなかったから、答案が白紙になったり、調べた結果を書くだけに終わったりしているのでしょう。博士論文の口頭試問で、審査する教員自身があとで、今日の発表には見るべきものがなかった、と語っていた場合も、結局は同じです。同様の事例はいくつも挙げられ、それは専攻がなんであるかに関わりなく言えますが、ここに挙げた事例に照らすかぎり、大学での勉学が初歩の段階ないしステップにとどまっていることは疑いありません。

実態がこうした望ましくない事例だけではないことを願っていますが、それでもひじょうに多くの学生が最初のステップからなかなか抜けだせないでいることはまちがいないと思われます。そんな状況のなかでは、三年生や四年生になってから私のもとを訪れる学生のなかに、かつての一年の努力が元の木阿弥《もくあみ》になっている人がいるのも、やむを得ないのかもしれません。がしかし、これはやむを得ないと言って済む問題ではないこともまちがなく、やはりどうしても次のステップに移ることが望まれます。

ところが、次のステップに移ろうとしたときに、厄介なことが生じます。移ろうとするのが自己形成の過程で先が見えなくなる時期に当たっており、そのとき大学のリソースがほとんど役立たないのです。人として、人のなかにあって初めて人である人として、本当にわかりたいと思うことが生まれてきたときに、大学の授業も図書館の蔵書も、その気持ちにこたえる力がない。とんでもない皮肉のように聞こえるかもしれませんが、これは自分の足で立とうとするときに必ずやってくる問題です。

この厄介な問題に対処するとき、何よりもまず踏まえておかなければならないことは、本当にわかりたいという気持ちに呼応する直接の答えはない、という事実です。本当に欲しいと思う答え、その思いに合う答えは、ないのです。

なぜそうなのか、なぜそう言えるのかは、説明してわかることではないので、今はこの事実をそのまま受けとめてください。それでも、この事実に照らすなら、本当にわかりたいと思ったときから、誰《だれ》もが次のステップへ移るよう促されているとは言えます。

それなら、本書で生徒諸君がおこなった努力をすることは、本当にわかりたいという気持ちを生かす方法のひとつになります。直接の答えがないという事実をそのまま受けとめ、文章を検討すればおのずから書くべきことが生まれるという原則を、国内外の名ある著作家の文章に適用し、少しずつ読み解いてゆくのです。この努力をつづけているうちに、おのずから自分が変わってゆき、わかりたいと思ったことがどんな性質をもっているかが、ステップを踏みながら、わかってくるでしょう。

本書を執筆することに決めたとき、根本のところで考えていたのは、このステップの移行過程が実際にどのようになっているかを、具体的に明示することでした。

この移行過程はふつう外からは見えません。実際にこの移行過程を経験しないかぎり見えないのです。大学の教員にもこの経験をもつ人やその経験を自覚的にとらえている人が少ない。その経験や自覚的理解がなくても、法学者や経済学者、哲学研究者や文学研究者になれます。理系の場合には、当初から、人のなかにあって初めて人である人が、対象から外れています。結果的に大学から「課題文を検討すればおのずから書くべきことが生まれる」という原則が消えさったようになり、今では学校でも大学でもステップの移行過程が説明されることはありません。だからそんな移行があることも気づかない人が多いのでしょう。

それなら、ステップを踏んでいるあいだは五里霧中になる過程が実際にどうなっているのか、わかったときになにが見えてくるのか、これは具体的に示すほうがよく、そうすることで前著にたいする読者の声に応えることにもなるだろう、と見込んでいたのです。

本書の章を「ステップ」としたのは、そのためです。わかること、考えること、これもステップを踏んですすんでゆきます。生徒諸君が実際にそのステップを踏んでいます。最初のよちよち歩き、人が見えなければなにごともはじまらないということの体験、文章の読み方の基本の習得、次いでその「いったんの完成」では対応できないレベルとの遭遇、これすべてがステップになっています。書く内容が深くなるとささえる枠組がつくれず破綻《はたん》し、逆に形式をととのえると内容が浅くなるというジレンマも、ステップを踏んでいるときに必ず遭遇する事態です。

本書で紹介したのはこのジレンマの時期に入ったところまでですが、このジレンマがさらに先へと生徒諸君を歩ませる力になっており、かつてはその力が授業をつづけるよう私の尻《しり》をたたいてＮＰＯを設立させることにもなったのでしょう。そうした学生諸君といっしょに種々の文章を読み解いていてはっきりしたことは、このジレンマの時期を超え、自分なりの文章が書けるようになるまでに、平均して二年かかるということです。

なかには、生徒だった最初の一年では要領がつかめず、それで大学生になってからさらにＮＰＯのゼミで勉強しながら、それでもまだどこから手をつけてよいのかわからない学生もいます。大学生になってからゼミに参加した人の場合、あらかじめ良質の現代文の文章で訓練をすることや、英文法を基礎から学ぶ必要があることも痛感します。

こうした学生にはテキストを書き写し、書き写している途中で気づいたことならなんでもメモするよう言います。毎週そのメモを見て軽くコメントを返すのですが、小学生でも気づきそうなことがよく書いてあります。小学校から先生に言われたことを覚えるだけの勉強をしてきたため、自分で考える力が小学生の段階にとどまっているのでしょう。それならその段階から考えることをはじめればよいわけです。他にも、三ヶ月であきらめる学生、半年でやめてから、またもどってくる学生もいます。課題文を検討すればおのずから書くべきことが生まれるという原則を身につけるときにも、忍耐は必要なのです。

この原則を身につけながらステップを踏んでゆくプロセスは、専攻した学部や学科の違いにおうじて、そしてまた個々人の資質の違いにおうじて、違いがあります。しかし踏むこと自体は専攻の如何《いかん》にかかわりません。人としてあることだけが条件です。実際に文章の検討をやっているあいだはわからないことだらけなので、できるなら誰かすでにこのステップをずっと先まですすんだ人といっしょにやるほうがよいのですが、検討自体はひとりでできない作業ではありません。続けていれば必ず、徐々に疑問が解消してゆくだけでなく、社会への視野がひらけてきます。

ところが、世間はかなり時間のかかるこのプロセスから社会への視野がひらけるのを、ふつうは待ってくれません。いきおい、自己認識と社会認識との双方に、同時にとり組む必要にせまられます。一方に重点をおく時期があっても、いずれ双方に目を配らなければならないときがやってきます。しかし、社会認識からとり組むときでも、文章をとおして理解を深めようとするかぎり、基本は同一です。

問題となっている事態をまったく知らないときには、まずアウトラインを知ることが必要で、そのためには参考文献をいろいろと読みあさる必要もでてきます。しかし、書いてあることしか読めないのでは、勉強のしがいがない。他人が書いたことを反復するだけでは、いわゆる受け売りでしかなく、勉強したとは言えない。文章に記されていることは氷山の一角で、その背後に筆者の経験や学識や工夫があり、さらにそれをかこむ現実があると心得たうえで、とり組む事態を自分の足でしらべ、検討し、問題があれば解決すべく努力する、これが基本的な態勢になるでしょう。

対象がびっしり数値のならんだデータで提示されるなら、数値のもつ意味を理解し、その数値から現状を把握してしかるべき対処法をあみ出すことになります。なにしろ問題山積の社会にはいってゆくのですから、それも必須の作業になります。

本書が〈ステップ１〉で、自己認識が中心のように見える文章を取りあげながら、問題解決型の文章を書くよう求めたのは、自己認識の場合でもこの型の文章が必要であるだけでなく、社会認識を獲得するときにはなによりこのタイプの文章が必要だからです。〈ステップ３〉まで読んだ読者には、自己認識と社会認識の双方が緊密に結びついていることがおわかりいただけたでしょう。自己認識と社会認識とはたがいにおぎないあって実質あるものとなるのですから、自分と周囲の世界との双方に同時にとり組みながら理解をふかめてゆくことが、ものごとを理解する基本なのです。この基本にそってことばにとり組むことは、社会人になってもずっと続きます。本書はその最初の一歩の踏みだし方を生徒諸君とともに伝えたものです。

最初の一歩を伝えたものですから、問題解決型の思考だけでは解決にならないと思える問題は外してあります。そうした問題に対処するときにひらける視野は前著であつかっているので、関心のある方はそちらを参照してください。それでも足りないことは今後の私に課せられた課題になります。他方、本書の内容よりもっと基本的でありながら、紙数制限のためにあつかえなかったことは、NPOのブログで取りあげることにしています。

前著をだしてからどうしても書く必要を感じていた事柄を執筆する機会をみつけてくださったのは編集の小川哲生さんです。同郷、ほぼ同年ということがわかり、いつかいっしょに仕事をしたいと語り合っていた小川さんと実際に仕事ができ、本当に感謝しています。

二〇一一・二・二四

今野雅方

chikuma primer shinsho

ちくまプリマー新書158

考《かんが》える力《ちから》をつける論文教室《ろんぶんきょうしつ》

二〇一一年四月十日　初版第一刷発行

著者　今野雅方（こんの・まさかた）

装幀　クラフト・エヴィング商會

発行者　菊池明郎

発行所　株式会社筑摩書房
東京都台東区蔵前二-五-三　〒一一一-八七五五
振替〇〇一六〇-八-四一二三

印刷・製本　中央精版印刷株式会社

ISBN978-4-480-68861-3 C0295 Printed in Japan

乱丁・落丁本の場合は、左記宛にご送付下さい。
送料小社負担でお取り替えいたします。
ご注文・お問い合わせも左記へお願いします。
〒三三一-八五〇七　さいたま市北区櫛引町二-六〇四
筑摩書房サービスセンター
電話〇四八-六五一-〇〇五三